Ikigai

Die Kunst, zufrieden zu sein

HarperCollins®

1. Auflage: November 2020

Ungekürzte Ausgabe im HarperCollins Taschenbuch

Titel der englischen Originalausgabe:
Japonisme. Ikigai, forest bathing, wabi-sabi and more

Erschienen bei: Thorsons, an Imprint of
HarperCollins Publishers, London

Published by arrangement with
HarperCollins Publishers Ltd., London
Redaktion: Maya Gause

Umschlaggestaltung: HarperCollins Germany / Sarah Salem,
Artwork: Ryo Takemasa
Umschlagabbildung: Illustration von Ryo Takemasa
Satz: Herr K | Jan Kermes, Leipzig
Printed in Germany
Dieses Buch wurde auf FSC®-zertifiziertem Papier gedruckt.
ISBN: 978-3-95967-407-2

www.harpercollins.de

Ikigai

Die Kunst, zufrieden zu sein

Erin Niimi Longhurst
新美英鈴

Illustrationen von
Ryo Takemasa
武政諒

Aus dem Englischen
von Nele Junghanns

Inhalt

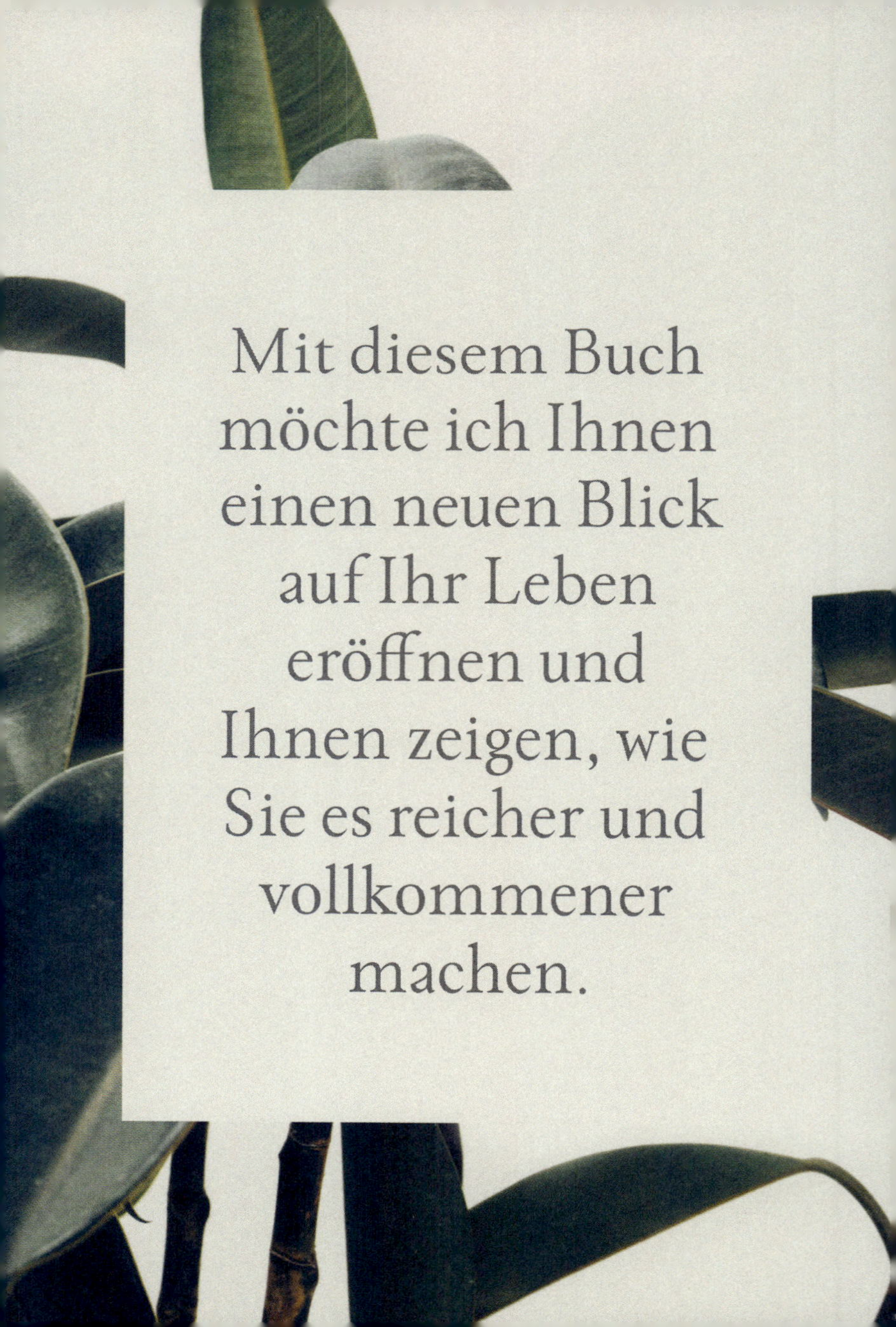

Mit diesem Buch möchte ich Ihnen einen neuen Blick auf Ihr Leben eröffnen und Ihnen zeigen, wie Sie es reicher und vollkommener machen.

Einführung

Ich bin im Spagat zwischen verschiedenen Kulturen aufgewachsen. Als Kind eines englischen Vaters und einer japanischen Mutter kam ich in London zur Welt, lebte ich in Seoul, London und dann für einige Jahre im kulturellen Schmelztiegel New York. Aber durch meine Mutter und den japanischen Teil meiner Familie, mit dem ich die schwülwarmen Sommer verbrachte, habe ich mir stets eine enge Verbindung zu Japan bewahrt.

In den vergangenen Jahren habe ich in meinem Blog ausführlich über Japan geschrieben. Hauptsächlich ging es dabei um Rezepte, Lifestyle und Reisetipps. Und obwohl ich schon an vielen Orten auf der Welt gelebt habe, habe ich das Gefühl, dass ich – in jedem Bereich meines Lebens – immer wieder zu denselben Strukturen, Ritualen, Gewohnheiten und Traditionen zurückkehre: denen meiner japanischen Familie, mit denen ich aufgewachsen bin und mit denen ich stets in Berührung komme, wenn ich in Japan bin.

Der Ausdruck »Japonismus« wurde erstmals im späten neunzehnten Jahrhundert verwendet, um die westliche Begeisterung für japanische Kunst, Kultur und Design zu beschreiben – die in den letzten Jahren exponentiell gewachsen ist und mittlerweile alles von Musik über Film bis hin zu Essen und Kunst einschließt.

Ich denke, was Japans Kultur und Traditionen so einzigartig macht, ist seine lange Geschichte der Isolation. Japan hat sich eine so starke, reiche und ganz eigene Identität angeeignet, weil es lange Zeit keinem fremden Einfluss ausgesetzt war. Über 220 Jahre lang wurde in Japan eine isolationistische Außenpolitik praktiziert, bekannt als *sakoku*, was »Landesabschließung« bedeutet.

Unter dem Tokugawa-Shogunat waren Beziehungen und Handel zwischen Japan und dem Rest der Welt streng eingeschränkt. Ab Anfang 1600 war es nur wenigen Menschen gestattet, das Land zu verlassen, und nur wenige wurden hereingelassen - ein Versuch, die empfundene Bedrohung durch fremde, religiöse und koloniale Einflüsse abzuwehren.

Zwar sind die zwei Jahrhunderte der nationalen Abschottung, die Anfang der 1850er endeten, extrem lang her – aber ich bin überzeugt, dass diese Ära der Abgeschiedenheit wesentlich zur Entstehung der Einzigartigkeit der japanischen Gesellschaft beigetragen hat. In jener lange zurückliegenden Isolationsphase haben sich die Bräuche, Traditionen und Kultur Japans entwickelt und ihre Blütezeit erlebt, wodurch sich meiner Meinung nach das Land, das wir heute kennen, so sehr von jedem anderen auf der Welt unterscheidet. Es kann durchaus fremdartig wirken und manchmal auch verwirrend sein, aber es ist immer spannend, schön und unglaublich bereichernd. Seit sechsundzwanzig Jahren bin ich immer wieder dort und lerne jedes Mal etwas dazu, sehe immer wieder alles in einem neuen Licht.

Was kann man also von der japanischen Kultur lernen (ohne in ein Flugzeug zu steigen)? Wie können Sie es – genau wie ich – auf Ihren Alltag anwenden? Eine Schlüssellektion war für mich, was ich von meinem Großvater mütterlicherseits, Haruyuki, über die richtige Balance gelernt habe. Als eins von dreizehn Geschwistern in einer Viehzüchterfamilie aufgewachsen, arbeitete er sich im Lauf der Zeit zu einem einflussreichen Geschäftsmann hoch und wurde schließlich Vorstandsvorsitzender und Geschäftsführer von Shell in Japan.

Er unternahm eine Reise, den Anstoß gab eine zufällige Bekanntschaft, die er mit zwei amerikanischen Soldaten machte, die nach

dem Zweiten Weltkrieg im tief verwundeten Japan stationiert waren. Auf deren Empfehlung hin brach er in die Vereinigten Staaten von Amerika auf und überquerte den Pazifik in zwei Wochen auf einem Ozeankreuzer – der *Hikawa Maru* (benannt nach dem großen Shinto-Schrein in Saitama). Er schloss ein Wirtschaftsstudium an der University of Washington ab, was er finanzierte, indem er als Gärtner, Kellner und Butler arbeitete. Infolge seiner Zeit in den Staaten entwickelte er eine Einstellung und Herangehensweise an geschäftliche Dinge, die man zu Hause in Japan als ziemlich unorthodox und zu westlich empfand. Aber zeit seines Lebens war er unheimlich stolz auf sein Erbe und insbesondere die japanische Kultur, Geschichte und Tradition.

Von meinem Großvater habe ich die Bedeutung von Achtsamkeit gelernt – wie wichtig sie für eine glückliche und erfüllende Einstellung und Lebensweise ist. Wir leben in einer zunehmend vernetzten Welt, und das hat seinen Preis. Es ist schwer, abzuschalten, wenn wir ununterbrochen mit Informationen und Mitteilungen bombardiert werden und ständig das Gefühl haben, dass der Stress oder das Drama unseres Arbeits- und/oder Privatlebens nur einen Klick entfernt sind oder sich gar per Push-Benachrichtigung aufdrängen.

Mein *jiji* (Großvater) war mein Vorbild, denn er nahm sich immer die Zeit, sich um sich selbst zu kümmern. Das verhalf ihm zu Glück, Produktivität im Beruf und einem nachhaltigen Leben. Die Werktage verbrachte er im wuseligen, lebhaften Herzen Tokios, wo er von frühmorgens bis spätabends arbeitete. Aber fast sein ganzes Arbeitsleben hindurch kehrten er und meine Großmutter an den Wochenenden nach Kamakura zurück – einer wunderschönen Stadt am Meer – wo er wieder auftankte. Stundenlang hegte und pflegte er die kleinen Orangenbäume in seinem Garten, unternahm lange Wanderungen durch die nahe Hügellandschaft, malte, schrieb Gedichte, filetierte akribisch frischen Fisch und bereitete ihn für das Abendessen zu. Im Laufe meiner Karriere habe ich ähnliche Ansätze entwickelt, um meinen Akku aufzuladen und den Kopf frei zu kriegen – indem ich Kunst erschaffe (fotografiere oder schreibe), koche (Gyoza-Teigtaschen füllen ist beispielsweise sehr monoton, aber effektiv) und mein Leben auf verschiedene Weise organisiere (Kleiderschrank aussortieren oder Unterlagen ordnen). So fühle ich mich geerdet und produktiv.

In seinem späteren Leben wurde meinem Großvater seine spirituelle Seite immer wichtiger, und er nahm als Ältester aktiv am Tempelleben teil. Er saß in einem Rat, der die Mitglieder der Gemeinde von Tsurugaoka Hachiman-gū repräsentierte, dem kulturellen Herzen von Kamakura, wo sich der bedeutende Shinto-Schrein befand. Dies war der Ort, den er liebte und hegte, wo er Klarheit oder Frieden fand und der ihn zurück zu seinen Traditionen und Wurzeln führte. Seine Arbeit dort war ihm wichtig. Er war nie jemand, der große Reden hielt oder etwas sagte, bloß um ein Schweigen zu brechen, und jede Veranstaltung und jedes Ritual, an denen er teilnahm, erfüllte er mit Wertschätzung, Hingabe und Bedeutung.

Er war ein Frühaufsteher, der sich morgens, bevor er zur Arbeit abgeholt wurde, um all seine Pflanzen kümmerte. Und er war mein Komplize, wenn es darum ging, sich morgens um drei rauszuschleichen, um beim *konbini* um die Ecke (einem Laden, der 24 Stunden geöffnet hat) einen durch Jetlag erzeugten Heißhunger auf Rote-Bohnen-Eis zu stillen. Und nie versäumte er es, mich auf dem Nachhauseweg auf den Sonnenaufgang oder die Stille in den

Straßen hinzuweisen, und brachte mir so bei, die kleinen Momente zu würdigen, die ich sonst nicht bewusst wahrgenommen hätte.

Ich war in meinem letzten Jahr an der Universität in Manchester, als mein *jiji* starb, und erst, als ich selbst anfing zu arbeiten, wurde mir klar, wie viel von seiner Lebensweise ich über die Jahre hinweg aufgesaugt hatte. Durch die winzigsten, leisesten Momente, die unscheinbarsten Handlungen und kaum wahrnehmbaren Nuancen, die er hervorhob, entdeckte ich Aspekte meines eigenen Erbes, meiner eigenen Kultur, die ich in mir aufnahm und die mein Leben formten und mich führten.

Immer wenn ich neue Leute kennenlerne und ihnen von meiner japanischen Herkunft erzähle, folgt darauf ein angeregtes Gespräch, das unweigerlich in einer Diskussion über ihre Vorliebe etwa für Animes, die japanische Küche, gelegentlich auch für Karaoke mündet.

Als von Natur aus ängstlicher und vorsichtiger Mensch stelle ich fest, dass es inzwischen sehr viele Dinge gibt, auf die ich zurückgreife, die mir helfen, Klarheit zu finden, mich neu zu sortieren und Herausforderungen zu meistern, und dass sie alle fest in Japan und seinem reichen Erbe verwurzelt sind. Und das ist es, was ich hier mit Ihnen teilen möchte: nicht einfach nur eine theoretische Abhandlung über Aspekte Japans und seiner Kultur, sondern Philosophien und Strategien, welche mir geholfen haben, die Hindernisse und Prüfungen des modernen Alltags zu überstehen. Während ich diese Philosophien und Traditionen auf diesen Seiten formuliert und ihre Essenz herausgefiltert habe, hat dieser Prozess meine Liebe und Wertschätzung für sie erneuert, vielleicht stärker gemacht als je zuvor, und mir bewusst gemacht, wie sehr ich mich tatsächlich

Tag für Tag auf sie verlasse, ohne es überhaupt zu merken. Ich hoffe, dass sie auch Ihnen Trost, Glück und Denkanstöße bringen – von der Art, wie man sie nur durch eine Würdigung der leiseren, aber reichen, der gewöhnlichen, aber freudvollen Momente auf der Reise erlangen kann.

Im ersten Teil des Buchs, »*Kokoro*«, liegt der Fokus auf Herz und Geist. Er handelt davon, was uns zu dem treibt, was wir tun (*ikigai*) und was uns Freude bringt; die Schönheit der Veränderung *(wabi-sabi)* und des Verstreichens der Zeit; das Entdecken der Schönheit in der Unvollkommenheit und das Zelebrieren von Entbehrungen und Momenten, die uns formen *(kintsugi)*. Im zweiten Teil, »*Karada*«, geht es um den Körper: wie wir uns mit unserer Umgebung verbinden (durch Waldbaden, das Arrangieren von Blumen und in den eigenen vier Wänden); wie wir ihn nähren (mit Essen, Tee und Baden); und wie wir unseren Geist stimulieren (durch Kalligraphie). Im dritten Teil, »*Shukanka*« (Gewohnheiten herausbilden), geht es schließlich darum, Wege zu finden, wie wir all das in unser tägliches Leben integrieren können, damit es uns in Fleisch und Blut übergeht.

Es gibt so viele Aspekte der japanischen Kultur, von denen ich glaube, dass sie auch in anderen Bereichen übernommen werden könnten – und sollten. Ob es darum geht, eine Geisteshaltung zu verändern, sich die Zeit zu nehmen, um eine gute Tasse Tee zu genießen oder einen erfrischenden Spaziergang in der Natur zu unternehmen - diese und andere Techniken können wirklich wertvoll sein für uns alle, die sich schon mal überarbeitet, verunsichert, erschöpft oder gehetzt gefühlt haben. Viel zu oft werden wir heruntergezogen, gestresst und ausgepresst. Wir stehen unter ständigem Druck, alles, was wir tun, perfekt zu machen, fröhlich zu sein (niemals traurig, verärgert oder aufgeregt) und dabei auch noch toll auszusehen. Uns wird vermittelt, dass wir alles machen und alles haben sollen – eine erfolgreiche Karriere hinlegen, während wir auch noch Zeit mit der Familie verbringen, gut essen und trotzdem einen atemberaubenden Körper haben und vieles mehr. Aber diese Herangehensweise ans Leben lässt außer Acht, wie chaotisch das echte Alltagsleben ist, in dem sich Fristen ändern, andere einen schlechten Tag haben und es an Ihnen auslassen oder Sie oder die Menschen, die Sie lieben, krank werden können. Es herrscht ein enormer Druck, und der verursacht Stress. Bestenfalls ist dieses Ideal unerreichbar und unrealistisch, im schlimmsten Fall schlicht gefährlich.

Die Philosophien, die ich hier mit Ihnen teilen möchte und die ein wesentlicher Bestandteil der japanischen Kultur sind, werden Ihnen helfen, die Vergänglichkeit des Lebens zu erkennen und damit umzugehen, Schönheit in diesem Chaos zu entdecken und Ihre Narben zu lieben und zu pflegen – denn all das kann so wunderbar befreiend sein. Es geht darum, zu akzeptieren, dass alles einmal endet und immer etwas schiefgeht – ohne daran zu verzweifeln. Und statt dem unerreichbaren Ziel der Perfektion nachzujagen, geht es darum, Erfüllung und Gelassenheit in dem zu finden, was Sie bereits haben: die Fähigkeit, zu sagen: »Ich bin nicht perfekt, und das ist in Ordnung.«

Dieses Buch steckt voller praktischer Tipps, Vorschläge, Rezepte und mehr, um mehr aus Ihrem Leben zu machen – inspiriert von den einzigartigen, schönen und magischen kleinen Inseln, aus denen Japan besteht. Früher mussten die Zutaten (mit hohen Kosten) eingeschifft werden, die man heute ohne Weiteres in vielen Supermärkten vor Ort kaufen kann – sogar die aufwendigen

Mit vielen
kleinen
Schlägen
fällt man
einen großen
Baum.

Japanisches Sprichwort

Bentoboxen, (die meine Mutter mir früher mühevoll hergerichtet hat). Diese und so viele andere Dinge stehen uns heute zur Verfügung, und indem Sie sie nutzen, in Verbindung mit kleinen, schrittweisen Veränderungen, werden Sie lernen, neue Routinen und Gewohnheiten zu etablieren, um Ihre Lebensweise und Ihr Wohlbefinden zu bereichern und zu vervollkommnen.

Dieses Sprichwort fasst den Gedanken, der diesem Buch zugrunde liegt, ziemlich gut zusammen. Durch kleine, sich wiederholende Schritte, nicht die eine große Offenbarung, erreichen wir die bedeutendsten Veränderungen. Also machen Sie einen Schritt nach dem anderen. Für viele der Künste und Praktiken, über die Sie hier lesen werden, etwa *ikebana* (siehe Seite 117) und die Teezeremonie (siehe Seite 185) braucht man Jahrzehnte, um diese zu meistern. Einige Mitglieder meiner Familie haben der von ihnen gewählten Beschäftigung unzählige Stunden gewidmet, um sie schließlich zu beherrschen, und auch, wenn ich schon viele davon ausprobiert habe, bin ich noch lange keine Expertin. Ich bin auch weder Historikerin noch Akademikerin. Aber durch jede einzelne dieser Disziplinen habe ich etwas über mich gelernt – und das möchte ich hier weitergeben. Denn wenn ich das kann, können Sie das auch. Alle Hobbys, Aktivitäten und Praktiken, über die Sie lesen werden, helfen, Veränderungen herbeizuführen. Veränderungen, die – und das ist entscheidend – realistisch, umsetzbar und bezahlbar sind und hoffentlich auch noch Spaß machen.

Die Schriftzeichen meines Nachnamens – Niimi 新美 – bedeuten »neu« und »schön«. Ich hoffe, dass ich dem mit diesem Buch gerecht werde, in dem ich Sie mit neuen und schönen japanischen Philosophien, Praktiken und Tipps vertraut machen möchte, um etwas mehr Achtsamkeit, Zufriedenheit und Freude in Ihr Leben zu bringen.

I

Kokoro

心

Herz und Geist

Im Japanischen gibt es drei Wörter, um das Herz zu beschreiben. Das erste ist *shinzou*, das physische Organ, das in uns allen schlägt und uns am Leben hält. (Wenn ein Japaner Ihnen sagt, dass sein *shinzou* wehtut, ist das nicht metaphorisch gemeint – rufen Sie lieber schnell einen Arzt.) Das zweite ist *hato*, die Form eines Herzens, dem man nicht entkommt, bis Ende Februar der Valentinstag vorbei ist. Das dritte ist *kokoro*.

Herz, Geist und Seele sind in dem Wort *kokoro* untrennbar miteinander verbunden. Im Deutschen kommt ihm vielleicht das Wort »Gemüt« am nächsten. Es ist eine Geisteshaltung oder ein Gefühl und beschreibt die Emotionen und Wünsche in uns allen.

Mit dem Nähren Ihres *kokoro* beginnt die Achtsamkeit, und das gilt für jeden Aspekt Ihres Lebens. Ich habe den Fehler gemacht, manche Bereiche über andere zu stellen, vor allem in meinem Beruf. Ich hatte in meinem Leben schon mit Burn-out und der Angst vor dem Scheitern oder der Veränderung zu kämpfen. Aber die wichtigste Lektion, die ich auf meiner Reise gelernt habe, lautet: Scheitern ist unvermeidbar. Diese Erkenntnis war die befreiendste von allen.

In diesem ersten Teil zeige ich Ihnen verschiedene Anschauungen, Philosophien und Denkweisen. Sei es, die Unvollkommenheit zu akzeptieren, Schönheit in schadhaften Dingen zu sehen oder die eigene Motivation zu finden – wenn Sie sich die Zeit nehmen, sich auf mehr als eine Weise um sich selbst zu kümmern (und sowohl auf Ihre geistige als auch auf Ihre körperliche Gesundheit zu achten), wird Ihnen das eine neue Sicht auf die Dinge eröffnen und helfen, ein erfüllteres, reicheres und glücklicheres Leben zu führen.

らくがき
肉巻き
やきとり
タロー

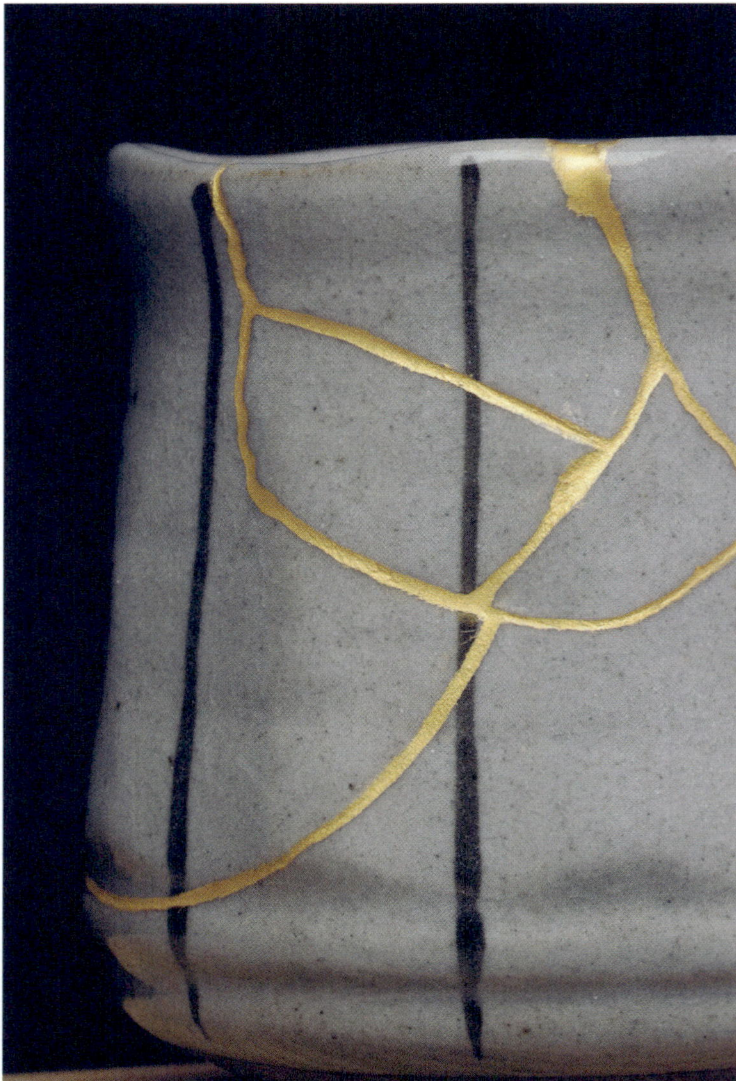

Kurz nachdem mein Großvater gestorben war, nahm ich meinen ersten Job nach dem Studium an, in einem Bereich, für den ich mich nicht sonderlich begeistern konnte. Ich war nach London gezogen, einer Stadt, in der ich nicht viele Menschen kannte, und lebte mit einem Partner zusammen, der so viel arbeitete, dass er so gut wie nie bei mir war. Während dieser Zeit fühlte ich mich einsam und verloren.

Also nahm ich meine Kamera und begann, mein Leben in London zu dokumentieren – in einer Phase, in der es mir nicht gut ging, hielt ich jeden Tag fest, was ich gegessen hatte, was mir gefallen und mich glücklich gemacht hatte. So begann ich meinen Blog, in dem es darum ging, was mir ein gutes Gefühl gab, und wo ich mit anderen teilte, was mich beflügelte und mir half zu wachsen.

Lassen Sie uns also zunächst Wege betrachten, wie Sie Ihr *ikigai* oder Ihren Lebenssinn finden – das, was Sie antreibt und morgens aufstehen lässt. Dann lernen wir *wabi-sabi* kennen – wo Sie lernen, die Unbeständigkeit und Vergänglichkeit zu akzeptieren und das Chaos im Leben willkommen zu heißen – bevor wir schließlich durch die Kunst des *kintsugi* die Schönheit im Zerstörten finden.

Ikigai

生き甲斐

Lebenssinn

Ikigai ist das, was unser Dasein wunderbar bereichert – der Lebenssinn, oder, wie der Franzose sagen würde, die *raison d'être*. In uns allen brennt ein Feuer, in manchen vielleicht heller als in anderen, es kann mal schwächer werden, aber auch stärker, heißer und kraftvoller zurückkehren denn je. Und für jeden von uns sind unterschiedliche Dinge nötig, um die Flammen zu entfachen.

Laut einem Bericht der Weltgesundheitsorganisation von 2017 leben die Japaner immer noch weltweit am längsten und am gesündesten[1]. Dabei spielen natürlich verschiedene Faktoren eine Rolle. Einen Großteil tragen sicherlich die Gene, Ernährung, Lebensweise und ein hervorragendes Gesundheitssystem bei. Wenn man jedoch einen Japaner fragt, wird er diese Tendenz zur Langlebigkeit vermutlich einer strengen Arbeitsmoral und einer bestimmten Geisteshaltung zuschreiben. Viele Gesellschaften können behaupten, gesunde Ernährungs- und Lebensweisen zu haben, doch den großen Unterschied macht das Konzept des *ikigai* oder Lebenssinns, welches für die japanische Kultur so immanent ist.

Nach mehreren Anläufen setzte mein *jiji* sich schließlich im Alter von dreiundsiebzig zur Ruhe. Ein bisschen naiv nahm meine ganze Familie an, dass wir ihn nun unter der Woche öfter sehen würden. Den Ruhestand zu genießen bedeutete für meinen *jiji* jedoch, weiterhin in verschiedenen Aufsichtsräten zu sitzen, andere zu beraten, einen Anzug zu tragen und fast täglich Geschäftstermine wahrzunehmen. Er liebte seine Arbeit – er sagte immer, sie diene dazu, dass sein Gehirn nicht einroste. Sein Beruf war für ihn Motivation und Antrieb – er machte ihn sehr stolz, auch weil er dadurch in der Lage war, gut für seine Familie zu sorgen. Nach seiner Pensionierung mit dem Arbeiten aufzuhören, war ihm nie in den Sinn gekommen. Ich habe ihn nur selten unsicher oder zweifelnd erlebt, lediglich, als er kurz davor war, in den Ruhestand zu treten – Müßiggang und Untätigkeit stand er extrem misstrauisch gegenüber.

Nach meiner eigenen Erfahrung ist unser *ikigai* nichts, das wir bewusst erlangen. Es wird uns langsam im Lauf der Zeit offenbart, in den Momenten, die uns helfen, uns selbst kennenzulernen. Es ist nie vollendet und immerfort im Fluss. Wenn man es in der Relation sieht, bin ich noch ziemlich am Anfang meiner Reise, aber ich finde mein *ikigai* durch meine Arbeit. Ich habe das Glück, mit unheimlich talentierten und inspirierenden Menschen zusammenzuarbeiten, und an Projekten mitzuwirken, die aktiv dazu beitragen, die Welt zu einem besseren Ort zu machen. Sei es dadurch, das Leben der Menschen zu verbessern oder das Leben an sich gerechter zu machen. Für die guten Werke, an denen ich beteiligt bin, lohnt sich sogar der alltägliche Frust – weil das Süße ohne das Bittere nicht so süß ist.

Aber das Glück und die Zufriedenheit, die ich aus der Arbeit ziehe, wären nicht möglich, wenn ich kein Selbstvertrauen hätte. Ich verfüge über Wissen und Erfahrung. Das habe ich mir hart erarbeitet, und es weitergeben zu können, motiviert mich, weiterzumachen, meinem Schaffen einen Sinn zu verleihen. Ich vertraue in meine Fähigkeit, meinen Job gut zu erledigen, sei es im Kontakt mit Kunden oder durch meinen eigenen Blog – und das befriedigt mich ungemein.

Aber das passiert nicht von allein, und Selbstvertrauen ist auch nicht alles. Tatsächlich muss man sehr intensiv in sich gehen, eine Menge Fehlschläge einstecken, vieles hinterfragen und anzweifeln, um dorthin zu gelangen. Vor allem muss man ehrlich zu sich selbst sein und sich und sein Verhalten reflektieren: Was macht Sie glücklich? Was ist Ihnen wichtig? Mit der Zeit die Antworten

Wenn der
Fluss auch
einmal
abfällt, er
steigt auch
wieder an.

Japanisches Sprichwort

auf diese Fragen zu finden, kann Ihnen helfen, zu erkennen, was Ihr Antrieb ist. Um Ihr *ikigai* zu finden, ist auch eine gute Balance notwendig. So viel Freude mir meine Arbeit auch macht, es würde nicht reichen, um mir Kraft zu geben. Eine starke Familienbindung, wunderbare Freundschaften und ein hübsches kleines Zuhause, all das trägt dazu bei, mein *ikigai* reicher und bedeutungsvoller zu machen. Davon ist mir jedoch nichts einfach so zugeflogen. Alle Beziehungen erfordern große Mühe und eine gute Kommunikation. Sich um die Arbeit und das Heim zu kümmern, erfordert Kompromisse. Und Negativität, Selbstzweifel und schwere Zeiten gehören zum Leben. Doch Ihr *ikigai* treibt Sie in den düstersten Augenblicken vorwärts. Zu wissen, dass das Negative vorübergehen wird, und jenes Element Ihres Lebens zu finden, das Ihnen zur Zufriedenheit verhilft – darum geht es beim *ikigai*.

Vor ein paar Jahren durfte ich an einem Kurs für weibliche Führungskräfte teilnehmen, in dem wir unseren Businessplan entwerfen und erklären sollten, wie er unsere Visionen vorantreiben würde. Die Erkenntnis, die ich daraus mitgenommen habe, war, dass sich all unsere Firmen zwar mit der Zeit entwickeln und unterschiedliche Dienstleistungen anbieten würden, sich aber die grundlegende Vision, die uns dorthin brachte und die wir finden wollten, nicht ändern würde. Das blieb wirklich bei mir hängen. Und dasselbe gilt auch für Ihr *ikigai*: Bloß weil Sie wissen, was Sie antreibt, heißt das nicht, dass Sie in Ihrer Wohlfühlzone bleiben und sich nur darauf konzentrieren sollten. Es ist etwas, zu dem Sie immer wieder zurückkehren können. Sie müssen Herausforderungen annehmen und Ihre Grenzen sprengen. Aber es ist wichtig, ein Ziel und einen Hauptantrieb zu haben. Stellen Sie sich *ikigai* als Treibstoff für Ihr Auto vor – Sie müssen den Motor zum Laufen bringen.

Wie finde ich mein ikigai?

Es kann gut sein, dass Sie bereits wissen, was Sie glücklich macht – nur war das in Ihrer Vorstellung nicht so etwas Großes wie der »Sinn Ihres Lebens« (was vielleicht ein bisschen unheimlich klingt). Ihr *ikigai* zu finden, macht Sie als Person aus und setzt sich aus verschiedenen Faktoren zusammen. Allzu oft werden wir gezwungen, uns in Schubladen einzuordnen (»Was machen Sie beruflich?« oder die gefürchtete Gesprächseröffnung bei der Dinnerparty: »Und was machen Sie so?«) oder unser gesamtes Wesen und unsere Persönlichkeit auf 140 Zeichen zu kürzen. Das kann zwar manchmal eine ganz lustige Übung sein, aber in der Realität sind wir viel zu komplex dafür. Im Japanischen gibt es eine Redensart: »Zehn Menschen, zehn Farben.« Denn jeder Mensch ist anders. Wir alle geben unterschiedlichen Dingen Priorität, und das eine ist nicht zwangsläufig besser als das andere – so gelangen manche Menschen zum Beispiel durch ihre Kinder zu ihrem *ikigai*, andere durch ihre Arbeit.

Wenn Sie sich Ihr Leben als Blume vorstellen, ist Ihr *ikigai* der Mittelpunkt, aus dem die Blütenblätter wachsen, das, was alles zusammenhält. Eins der Blütenblätter ist vielleicht Ihr Beruf, oder Ihre Leidenschaft – vielleicht auch einfach nur das, wovon Sie jeden Monat die Rechnungen bezahlen. Wie beeinflussen diese Aspekte sich gegenseitig? Wie können sie (und damit Sie selbst) wachsen und an Stärke gewinnen? Was können Sie verbessern?

Wenn du es versuchst, hast du vielleicht Erfolg. Wenn nicht, wirst du scheitern. Das trifft auf alles zu. Scheitern ist die Folge davon, es nicht zu versuchen.

Japanisches Sprichwort

Arbeit

Die japanische Arbeitskultur hat zugegebenermaßen nicht den besten Ruf. Büroangestellte in größeren Unternehmen sind überlastet, die Arbeitszeiten lang, und es mangelt entschieden an einem Gleichgewicht zwischen Berufs- und Privatleben. Das sind nur einige der Kritikpunkte, die man häufig hört, und *karoshi*, oder Tod durch Überarbeitung, ist in der japanischen Gesellschaft ein ernstes Problem, das unbedingt angegangen werden muss.

Dennoch entspringt der japanischen Arbeitskultur auch viel Positives, das sich sicher lohnt, im Hinterkopf zu behalten und in Ihren Alltag einzubauen.

Visitenkarten

Als jemand, der im digitalen Bereich arbeitet, gebe ich oft während eines Meetings meine Visitenkarte weiter, begleitet von einem nervösen Lachen und einem kleinen Scherz (entweder »Sehen Sie mal, wie japanisch ich bin!« oder einer Anspielung auf jene Szene aus *American Psycho*, in der alle ihre Karten miteinander vergleichen).

Meine erste Visitenkarte bestellte ich etwa einen Monat nach meinem Universitätsabschluss – es stand nicht mehr darauf als mein Name, die E-Mail-Adresse und Handynummer.

Es erscheint vielleicht wie ein überholtes kleines Ritual, aber die zahlreichen Chancen, die mir durch das Aushändigen meiner Visitenkarte schon gegeben wurden, haben mich voll und ganz bekehrt.

Anders als eine nach einem Meeting hastig verfasste Dankes-E-Mail, die sofort nach dem Lesen ins Archiv wandert, agiert eine Visitenkarte als physische Erinnerung an die Person, deren Name darauf steht. Ich bin ein echter Fan dieser Gedächtnisstütze.

Arbeitsablauf

Mit *kaizen*, oder der stetigen Verbesserung, werden wir uns später noch eingehend befassen, lassen Sie mich hier nur so viel sagen, dass viele japanische Firmen großen Fokus auf den Arbeitsablauf und dessen permanente Verbesserung legen. Deswegen werden Angestellte in japanischen Firmen nicht unbedingt mit Lob überschüttet – denn der Job ist nie wirklich erledigt. Es gibt immer noch etwas zu lernen; kleine, fortwährende Verbesserungen, die mit der Zeit umgesetzt werden können.

Sich nach der Arbeit mit Kollegen treffen

Ein weiterer Grund für das Work-Life-Balance-Stigma der japanischen Arbeitskultur ist das Gewicht, das auf *nomikai* gelegt wird – nach der Arbeit etwas trinken gehen, Karaoke singen und Kontakte mit den Kollegen pflegen. Obwohl ich absolut für eine

Work-Life-Balance bin, finde ich, dass es einem viel bringt, sich außerhalb der Arbeit mit den Kollegen zu treffen. Es hilft, die Beziehung zu ihnen zu festigen, etwas mehr darüber herauszufinden, was sie motiviert, und sie einfach mal aus einem anderen Blickwinkel zu sehen. Nichts bringt so sehr andere Seiten zum Vorschein, die Sie niemals bei einem normalen Kundentermin zu Gesicht bekämen, als mit Ihrem Chef und Ihren Kollegen auf einer Hochzeit zu Madonna zu tanzen.

Otsukaresama – Dankbarkeit für die Arbeit

Am Ende eines langen Arbeitstages oder einer Arbeitswoche, sagen Sie zu Ihrem Kollegen oder Freund vielleicht »*otsukaresama!*«. *Otsukaresama* heißt wörtlich übersetzt »Du bist müde«, aber im Kern geht es mehr darum, die harte Arbeit des anderen anzuerkennen und Ihre Wertschätzung und Dankbarkeit dafür zu zeigen: »Du hast so hart gearbeitet und bist nun müde. Ich will, dass du weißt, dass das anerkannt und wertgeschätzt wird.«

Otsukaresama hat für Abendländer seine Tücken, denn jemandem zu sagen, dass er müde ist, könnte missverstanden werden. Bei unseren wöchentlichen Montagmorgen-Meetings tauschen wir stattdessen »snaps« aus: wir rücken kleine Erfolge und gute Arbeit aus der letzten Woche ins Licht. Das ist meistens der beste Teil unserer Meetings und versetzt uns in die richtige Stimmung, um in die Woche zu starten.

Selbstfürsorge

Sich um sich selbst zu kümmern, ist der Schlüssel für Produktivität. Wir sind keine Roboter. (Na ja, jedenfalls nicht ganz ... das wäre vielleicht ein Thema für das nächste Buch!)

Insbesondere das Einlegen von Pausen ist lebenswichtig. Ich merke, dass ich wesentlich produktiver bin, wenn ich in meinem Terminkalender Zeit für sportliche Aktivitäten einplane – Druck und Anspannung werden so effektiv abgebaut, und ich kann danach besser arbeiten, weil ich einen klaren Kopf habe.

Liebe

Sie ist der Antrieb der Welt, oder?

Freundschaften

Es ist immer gut zu wissen, wer in schlechten Zeiten für einen da sein wird. In diesem Satz steckt viel Wahrheit, und diese Erkenntnis hat mir so viel Klarheit gebracht. Aber vergessen Sie nicht, dass Freundschaften in beide Richtungen funktionieren müssen und Sie nicht nur auf Quantität, sondern auch auf Qualität Wert legen sollten. Mit den Jahren habe ich mich mehr den Beziehungen gewidmet und sie gepflegt, die auf Gegenseitigkeit beruhen, und das hat mir viel Kummer erspart. Es ist aber auch wichtig, jeden anzuhören, denn man weiß nicht, was für Sorgen er vor der Welt da draußen verbirgt.

Bei Freundschaften geht es auch darum, schwierige Gespräche zu führen! Ihre engsten Freunde sind genau das, weil sie nicht davor zurückscheuen, Sie herauszufordern – und das sollten Sie auch tun. Wenn Ihnen ein Mensch wichtig ist, haben Sie eine Verantwortung, ihn zur Verantwortung zu ziehen (und er Sie). Letztendlich lässt das ein stärkeres Band zwischen Ihnen entstehen.

Die moderne Technik und soziale Medien sind tolle Instrumente, um Freundschaften aufrechtzuerhalten und in Kontakt zu bleiben,

Wahre Freunde erkennt man erst in schlechten Zeiten.

Japanisches Sprichwort

aber es kann sich manchmal etwas künstlich anfühlen. Als ich jünger war, haben meine Freundinnen und ich ein *koukan nikki*, ein Freundschafts-Tagebuch geführt, um die besten, schlimmsten und lustigsten Augenblicke des Schultags zu dokumentieren. Diese Tagebücher konnte man überall kaufen, üblicherweise mit vorgedruckten Kategorien zum Ausfüllen. Jede Freundin übernahm einen Tag, füllte eine Seite aus und gab es am nächsten Tag der nächsten Freundin weiter. Wenn wir uns dann zum Mittagessen trafen, tauschten wir uns über das Lustigste und Peinlichste der vergangenen Woche aus. Es eignet sich zwar nicht unbedingt für das Berufsleben der Erwachsenen, aber ich bin sehr in Versuchung, es wieder einzuführen, um den nächsten Urlaub mit Freunden zu dokumentieren (es wäre sicher perfekt auf einem Musik-Festival).

Ihr Liebesleben

Im Japanischen gibt es zwei Definitionen für das, was wir unter »Liebe« verstehen: *koi* und *ai:*

Koi – romantische Liebe

Koi unterscheidet sich von *ai* dadurch, dass diese Liebe hauptsächlich vom Selbst ausgeht. Sie kann einseitig und unerwidert sein. Romantische Liebe, Sehnsucht, Begierde, Verlangen, Vernarrtheit – all das ist »*koi*«.

Ai – allumfassende Liebe

Anders als *koi*, das egoistisch sein kann, ist *ai* das nicht. Die Liebe von Eltern zu ihrem Kind würde man damit beschreiben. Es ist eine gegenseitige, unerschütterliche Liebe. Der Unterschied ist, dass *koi* immer verlangend oder suchend ist, *ai* dagegen immer gibt.

Das große Geständnis

Anders als die meisten westlichen Liebesbeziehungen (und ich verallgemeinere hier ganz massiv), beginnen viele japanische mit einem großen Geständnis, bekannt als *kokuhaku*. Es ist üblich, dass eine Person gleich zu Beginn ihre Liebe zu der anderen erklärt in der Absicht (und Hoffnung), dass sie erwidert wird. Das *kokuhaku* wird von der anderen Person dann entweder angenommen oder zurückgewiesen. Es hat etwas ziemlich Erfrischendes, alle Karten auf den Tisch zu legen, auch wenn es einem vielleicht vorkommt, als würde man die Sache ziemlich forsch angehen.

Nach einem solchen Geständnis eine Antwort zu erhalten, kann ein langwieriger Prozess sein, ganz besonders um den Valentinstag und *White Day* herum. Am Valentinstag schenken Menschen

(in der Regel Frauen) dem Objekt ihrer Zuneigung Pralinen. Dann müssen sie einen qualvollen Monat lang warten, bis sie am *White Day* (dem 14. März) sehen, was sie im Gegenzug bekommen. Dieses Warten kann so fies sein! Als wäre das nicht schon emotional belastend genug, bekommt man dann vielleicht noch »*giri-choco*«: Schokolade, die man nur aus gesellschaftlicher Verpflichtung verschenkt. Ich möchte nicht in der Haut von Menschen, die das bekommen, stecken!

Familie

Das Familienleben ist unheimlich wichtig – und dank der hohen Lebenserwartung in Japan haben die meisten Familien sehr enge, generationenübergreifende Beziehungen.

Das Gedenken an die Verstorbenen

Die Art, wie der toten Familienmitglieder und Vorfahren in Japan gedacht wird, wahrt ihre Präsenz und den Einfluss, den sie zu Lebzeiten hatten, und sorgt dafür, dass sie auch nach ihrem Tod weiterhin eine Rolle spielen. In den meisten Haushalten gibt es einen *butsudan*, einen kleinen Schrein, der einer geliebten Person gewidmet ist, die man verloren hat – mit Kerzen, einer Glocke, Weihrauch und einer Platte, auf die Opfergaben in Form von Lebensmitteln, etwa Reis oder Tee, gestellt werden.

Unmittelbar nachdem ein Verwandter gestorben ist, finden verschiedene Zeremonien statt, ebenso wie jedes Jahr am Todestag, bis zum fünfzigsten Jahr. Das klingt vielleicht ein bisschen morbide, ist aber in Wirklichkeit eine unglaublich schöne Art, jemandem zu gedenken. Wenn die Zeremonie vorbei ist, ist es ganz wunderbar,

Erinnerungen an den Verstorbenen und dessen Einfluss auf das eigene Leben auszutauschen. Anstatt in Tränen der Trauer auszubrechen, krümme ich mich meistens irgendwann vor Lachen über lustige Erinnerungen – und diese Reaktion wünsche ich mir nach meinem Tod auch von meinen Hinterbliebenen. Das ist eine der Traditionen, die ich auch in meiner englischen Familie eingeführt habe, für gewöhnlich gedenken wir meines verstorbenen britischen Großvaters um seinen Geburtstag herum bei einem Sonntagsdinner.

Umfeld

Zufriedenheit in Ihrer Umgebung zu finden, trägt enorm zu Ihrem Glücksgefühl bei. Schließlich sind wir alle ein Produkt unserer Umwelt.

Reinlichkeit

Es erstaunt mich immer wieder, wenn ich nach Japan komme, wie wenig Abfall im Zentrum Tokios herumliegt, vor allem in Anbetracht der Tatsache, dass nie ein Mülleimer in der Nähe zu sein scheint, wenn ich einen brauche! Der Respekt für den gemeinschaftlichen Lebensraum ist bei den Japanern tief verwurzelt, und Raucher laufen sogar mit tragbaren Aschenbechern herum, damit sie nicht die Straßen verschmutzen.

Das eigene Zuhause

Es gibt ganze YouTube-Kanäle, die sich der Frage widmen, wie man in Japan Kleidung faltet, und Entrümpelung und Selbstorganisation sollten zentrale Themen im täglichen Leben sein. Mit diesen Methoden sparen Sie Zeit, werden effizienter, und es sieht einfach besser aus – meiner Meinung nach sollte *jeder* damit anfangen.

Respekt

Wenn ich in Japan mit den öffentlichen Verkehrsmitteln fahre, fällt mir der respektvolle Umgang der Menschen miteinander immer besonders auf. Die Mehrheit stellt ihr Handy auf lautlos, Gespräche finden in gedämpftem Ton statt, und man bietet bereitwillig seinen Platz jedem an, der ihn nötiger braucht. Könnte das bitte mal jemand an die Londoner Verkehrsbetriebe weiterleiten?

Wo ich gerade beim Thema bin: Wenn Sie jemanden sehen, der einen Sitzplatz benötigt, stehen Sie auf. Und wenn Sie ihm selbst

keinen Platz anbieten können, können Sie trotzdem laut fragen, ob er einen braucht (dann blicken die Mitreisenden normalerweise von Ihren Smartphones auf).

Respektieren Sie die Älteren

Oft ziehen ältere Verwandte bei jüngeren ein, und dass mehrere Generationen unter einem Dach leben, ist recht verbreitet. Es steckt eine Menge kulturelles Potenzial im Respekt für die Älteren – so viel, dass diesem sogar ein Tag im Jahr gewidmet wird (der dritte Montag im September, bekannt als Tag der Ehrung der Alten).

Das eigene Wohl

Um motiviert zu bleiben und so effektiv wie möglich zu arbeiten, sind Selbstfürsorge und das Erlangen einer Balance enorm wichtig. In der Vergangenheit habe ich das oft vernachlässigt, mit unschönen Konsequenzen. Aktiv bleiben, gut essen, den Geist fit halten und seine Handlungen reflektieren – all das sind entscheidende Bestandteile der Selbstfürsorge und genauso wichtig wie die anderen Dinge.

Radfahren

In Japan ist Radfahren die reinste Freude. Vor allem in Kyoto fand ich das Radfahren toll und die beste Fortbewegungsart, um in der ausgedehnten Stadt einen Tempel nach dem anderen zu erkunden. Fast jeder – von kleinen Kindern

Arbeit
am Selbst
ist der
Weg zum
Selbst.

Japanisches Sprichwort

bis hin zu alten Damen – fährt mit dem Fahrrad, und eigentlich braucht man keinen Helm und kein Licht, denn die Autofahrer gewähren den Radfahrern normalerweise den nötigen Raum und Respekt, um sich sicher fortzubewegen. Und nicht selten sieht man vor Bahnstationen unabgeschlossene Fahrräder, deren Besitzer in dem Vertrauen zur Arbeit pendeln, dass ihr Rad noch da sein wird, wenn sie zurückkehren. Ich würde zwar nicht unbedingt empfehlen, ohne Helm oder Licht zu fahren oder Ihr Fahrrad nicht abzuschließen, aber Radfahren ist eine tolle Art, fit und aktiv zu bleiben und von A nach B zu gelangen und dabei auch noch Geld zu sparen und einen Beitrag zum Schutz der Umwelt zu leisten.

Calisthenics

Calisthenics, Eigengewichtsübungen, oder *radio taiso* laufen jeden Tag gegen 6:30 Uhr auf NHK (dem landesweiten Rundfunksender Japans). Die Bewegungen sind sanft und scheinen sich in die Psyche einzubrennen (selbst in meine, und ich habe zwei linke Füße, kein Rhythmusgefühl und ein katastrophales Muskelgedächtnis für Bewegungen).

Es ist recht weit verbreitet, *radio taiso* im Sportunterricht in der Schule zum Aufwärmen zu verwenden, aber auch viele Firmen lassen ihre Angestellten die Übungen machen. Die Muskeln morgens in Schwung zu bringen, kann wirklich helfen, wach zu werden und konzentriert zu bleiben. Die meisten Bewegungen kann man sogar im Sitzen machen, es gibt also eigentlich keine Ausrede!

Sudoku

Ein wichtiger Teil der Selbstfürsorge ist, das Gehirn auf Trab und in Bestform zu halten. *Sudoku* ist einer der Wege, das zu tun.

Sudoku ist ein auf Logik basierendes Rätsel, bei dem man Zahlen zwischen Eins und Neun in jede Zeile und in jedes Kästchen innerhalb von neun Blöcken à drei mal drei Kästchen einsetzen muss, ohne innerhalb eines Blocks oder einer Zeile eine Zahl zu wiederholen.

Haiku

Wenn Zahlen nicht Ihr Ding sind, dann vielleicht Wörter. Fordern und stimulieren Sie sich intellektuell, indem Sie *haiku* schreiben: Halten Sie sich an die Form von drei Versen, von denen der erste und der letzte aus fünf und der mittlere aus sieben Silben besteht. Innerhalb dieser Grenzen versuchen Sie, zwei Ideen oder Sinnbilder einander gegenüberzustellen. Diese können Farben, Klänge, Geschmäcker oder Temperaturen sein, vielleicht Gefühlen wie Liebe, Angst, Wut oder Freude gegenübergestellt. Die Gegenüberstellung soll helfen, die Stimmung oder Atmosphäre zum Beispiel zwischen Mensch und Natur herzustellen, oder auf eine Zeit oder Jahreszeit hinzuweisen, ohne sie ausdrücklich zu nennen.

Ein *haiku* soll typischerweise eine emotionale Reaktion oder ein bestimmtes Gefühl hervorrufen. Es ist eine subtile Kunst, daher sollten Emotionen auch subtil vermittelt und nicht offen oder direkt ausgesprochen werden. Wie bei der Zusammenstellung eines Menüs kommt ein Bezug auf die Jahreszeit üblicherweise gut an. Schreiben Sie aus Ihrer persönlichen Erfahrung – es sollte authentisch sein. Wenn Sie also nie einen einzigen Tag in einem Bergwerk gearbeitet haben, würde ein *haiku* über die harte Arbeit unter Tage seinen Zweck verfehlen.

Eigentlich finde ich, dass alles, was man schreibt, auch gelesen werden soll (warum sollte man es sonst tun?), aber ein *haiku* kann einem aus verschiedenen Gründen zu persönlich erscheinen – und die Herausforderung, innerhalb der Beschränkungen von Kürze, Subtilität und Jahreszeitlichkeit zu arbeiten, ist schon groß genug ohne den zusätzlichen Druck, es mit anderen zu teilen. Denken Sie nicht, dass Sie das müssen – genießen Sie den Luxus, es lediglich für Sie selbst zu verfassen.

Dankbarkeit

Eine positive Einstellung und Haltung können einen sehr großen Unterschied in all Ihren Beziehungen machen, nicht nur in beruflichen. Das ist allerdings leichter gesagt als getan, und an Tagen, an denen nichts zu klappen scheint, passiert es leicht, dass man kleine Ärgernisse aufbauscht und sie einem unnötig auf die Nerven gehen.

Ich führe nun schon seit einiger Zeit ein Dankbarkeitstagebuch, und es wirkt wirklich Wunder. Jeden Tag schreibe ich drei Dinge auf, für die ich dankbar war. Auch an den Tagen, an denen es mir hoffnungslos erschien, habe ich immer irgendwas gefunden, auch wenn es etwas so Banales war wie, dass ich die Wäsche draußen zum Trocknen aufgehängt habe. Hier sind ein paar Beispiele für Einträge an schlechteren Tagen:

- Danke für die Ananas
- Danke, dass ich ins Fitnesscenter gehen konnte
- Danke, dass ich früh ins Bett gehen konnte

Es macht großen Spaß, sie zu lesen (und heute kann ich mich nicht einmal mehr erinnern, was an jenem Tag eigentlich so furchtbar war).

Wer lächelt,
statt zu toben,
ist immer der
Stärkere.

Japanisches Sprichwort

Die beste Zeit
deines Lebens kommt
nicht wieder.

Japanisches Sprichwort

Auf geht's!

Das Wort *»ganbare«* dient der Motivation. Es ist eine Kombination aus »gib dein Bestes« und »gib nicht auf« und fängt die Begeisterung und Leidenschaft ein, die man manchmal braucht, um weiterzumachen – und das Ziel im Blick zu behalten.

Ganbare repräsentiert eine Haltung von Entschlossenheit und Beharrlichkeit. Es wird zum Beispiel bei Marathons skandiert als Ausdruck von Ermunterung und Solidarität.

> Ihren Lebenssinn und ihr *ikigai* zu finden, kann Ihnen helfen, Zufriedenheit zu erlangen, weil Sie dadurch fokussierter sind. Anstatt sich von den kleineren, alltäglichen Frustrationen ablenken und vereinnahmen zu lassen, die uns allen begegnen, rückt Ihr *ikigai* die wichtigsten Aspekte in den Vordergrund und hilft Ihnen so, loszulassen. Es kann Ihnen auch helfen, anderen gegenüber empathischer zu sein, zu realisieren, dass jeder unterschiedliche Motivationen hat und ein Weg nicht zwangsläufig »richtiger« ist oder mehr Geltung hat als ein anderer.
>
> Letztendlich kann das Finden Ihres *ikigai* Ihnen helfen, Ihre Zeit produktiver zu nutzen, indem Sie den wichtigsten Aspekten Ihres Lebens Aufmerksamkeit schenken – sei es, sich ein Zuhause aufzubauen, Zeit mit Ihrer Familie zu verbringen oder Ihr berufliches Ziel zu erreichen.

Wabi-sabi

侘寂

Die Schönheit des Unvollkommenen
und der Vergänglichkeit

むかし
夢菓子
昔菓子
郷土菓子

Mehr als alles andere in diesem Buch war *wabi-sabi* als Weltanschauung, Ästhetik und Lebensweise am schwersten auf den Punkt zu bringen und zu übersetzen.

Die ursprüngliche Bedeutung von *wabi* bezog sich auf das Gefühl der Abgeschiedenheit, wenn man in der Natur lebt, und die paradoxe Schönheit der Unvollkommenheit (wie eine zerbrochene Tasse, die mit Gold repariert wurde, mithilfe von *kintsugi*).

Sabi kann, je nach Kontext, »verwelkt«, »schlank« oder »gekühlt« bedeuten, bezieht sich aber häufiger auf die Schönheit des Alterns – wie Holz, das mit der Zeit seinen Farbton verändert, die Anmut von Rost, das langsame Welken und Austrocknen von Rosen in der Sonne.

In vielerlei Hinsicht ist es einfacher, das Wesen dessen, was *wabi-sabi* ist, im Kontrast zu dem zu erklären, was es *nicht* ist:

- Asymmetrie, nicht Konformität oder Gleichmäßigkeit
- Bescheiden und demütig, nicht arrogant, eingebildet oder stolz
- Wachstum, nicht Stagnation
- Natürlich verfallend, nicht synthetisch oder konserviert
- Langsam, nicht schnell
- Maßvoll, nicht gierig
- Nicht durch Materialien behindert, nicht materialistisch
- Würdevoll, nicht unangemessen
- Minimalistisch, nicht pompös
- Rustikal, nicht blankpoliert
- Verblüht, nicht frisch
- Fließend, nicht unflexibel
- Unfertig, nicht vollständig
- Kleine Momente, nicht große Gesten

Wabi-sabi ist für mich, drinnen zu sein, wenn es draußen regnet, die Lachfalten im Gesicht, oder sich nach einem schlichten Essen angenehm gesättigt zu fühlen.

In der Schönheit

Die Ästhetik des *wabi-sabi* und sein Verständnis von Schönheit bedeuten, den natürlichen Alterungsprozess zu akzeptieren – Falten und Runzeln werden unweigerlich kommen – und in der Lage zu sein, in den vergangenen Augenblicken Glück zu finden, sich an sie zu erinnern und glücklich zu sein.

In der Zahnchirurgie gibt es einen Trend, bei dem viele Japanerinnen mitmachen, um ihre Version eines »perfekten Lächelns« zu erhalten. Es nennt sich *yaeba*, und so paradox das klingen mag, es ist tatsächlich ein krummes Lächeln, bei dem einzelne Zähne aus der Reihe tanzen. Die Schönheit von *yaeba* besteht darin, dass es die Munterkeit der Jugend repräsentiert, und in der Vorstellung, dass ein unvollkommenes Lächeln mit unregelmäßigen Zähnen durch seine Fehler liebenswert und schön ist.

In den eigenen vier Wänden

Um die *wabi-sabi*-Ästhetik in die eigenen vier Wände zu holen, will ich Ihnen hier ein paar Anregungen geben: es geht um die abgewetzte Couch, nicht das blütenweiße Ledersofa, um die schmutzigen Fingerabdrücke an der Wand, den Portweinfleck auf dem neuen Teppich. Das Zuhause ist ein Raum, in dem gelebt wird, und kein Museum. Minimalistisch, ohne Gerümpel und natürlich. Es ist Teil unserer Welt und sollte unsere Persönlichkeit ausdrücken.

In vielen japanischen Haushaltswarengeschäften werden Gegenstände verkauft, die rustikal und schlicht verziert sind – bei denen unbehandeltes Holz überwiegt. Wie ein guter Wein wird Holz mit der Zeit besser und interessanter, weil es anfängt, Geschichten zu erzählen und seinen eigenen Charakter zu entwickeln.

In Gegenständen

Ich finde es immer irgendwie unangenehm und unbequem, nagelneue Gegenstände zu benutzen, insbesondere solche wie neue Ledertaschen. Ich muss mich an die Dinge gewöhnen und sie sich an mich – sie müssen zu einem Teil meiner Geschichte werden, genauso wie ich Teil ihres Lebenszyklus werden muss.

Vor einigen Jahren war ich auf einem Musikfestival, und in meiner neuen Designerhandtasche, für die ich gespart und die ich mir selbst zum Geburtstag geschenkt hatte, lief eine Flasche Handdesinfektionsmittel aus. Damals war ich unheimlich enttäuscht, frustriert und wütend über den Fleck, aber heute ist er eine Erinnerung daran, wie ich in sengender Hitze neben meinem Zelt tanzte, bis fünf Uhr morgens aufblieb, um mir atemberaubende Künstler anzuhören und dank zu viel Rajika fragwürdige Entscheidungen zu treffen – lauter Geschichten, die sich in den Stoff meines Lebens gewebt und physisch in einem dunklen Fleck auf einer ramponierten alten Handtasche manifestiert haben.

In der Zeit

Wenn mich jemand fragt, wann die beste Zeit des Jahres für eine Reise nach Japan ist, weiß ich nie, was ich antworten soll – weil jede Jahreszeit ihre ganz besonderen Reize hat. Die Kirschblüte ist im Frühling, aber der Sommer hat geschabtes Eis, das Obon-Festival und Feuerwerke zu bieten. Das Herbstlaub strotzt vor den unglaublichsten Farben, während der Winter mit warmem *sake*, Schnee und, wenn Sie Glück haben, Rotkronenkranichen aufwarten kann.

Das Verstreichen der Zeit, der Kreislauf von Wachstum, Verfall und Tod und die Wertschätzung des natürlichen Laufs der Dinge sind ebenfalls ein entscheidender Teil von *wabi-sabi*. Darin Zufriedenheit, Achtsamkeit und Wertschätzung all dessen zu finden, ist eine Art zu leben und die Welt um uns herum zu verstehen.

In dem, was wir bereits haben

Beim *wabi-sabi* geht es nicht darum, immer das Allerneuste zu besitzen oder neue Dinge zu erwerben, sondern darum, ganz hinten im Kleiderschrank ein altes Top wiederzufinden oder aus den Resten in Ihrem Kühlschrank eine leckere Mahlzeit zuzubereiten. Nicht materielle Besitztümer sind entscheidend oder überhaupt irgendwas zu besitzen. Anspruchslos scheint mir hier nicht ganz das passende Wort zu sein, auch nicht geizig – denn das Ziel ist eher, besonnen und pfiffig zu sein und sich etwas einfallen zu lassen. Und darin Befriedigung, Zufriedenheit und Glück zu finden.

Teilweise ist das eine Folge der Mentalität, die man entwickelt, wenn man an einem Ort lebt, der so oft von Erdbeben, Tsunamis und anderen Naturkatastrophen heimgesucht wird. Man lernt einfach, loszulassen.

Im Altern

Vielleicht liegt es an der großen (und immer größer werdenden) älteren Bevölkerung, dass man vor dem Thema Altern nicht so sehr zurückschreckt wie vielleicht im Westen. In Japan scheint die ältere Generation mehr in das Leben mit einbezogen zu werden. Das geschieht sogar im digitalen Kontext, wo diese demografische Gruppe besser versorgt wird. Zum Beispiel gibt es ein breites und sich ständig weiterentwickelndes Angebot an Smartphones, bei denen speziell an ältere Benutzer gedacht wurde.

Die ältere Generation genießt in der Gemeinschaft großen Respekt, und sich um sie zu kümmern, wird in der Gesellschaft als gemeinschaftliche Pflicht angesehen. Vielleicht ist das Konzept, gut

登録 商標
清酒
長龍
なるほどの酒
名聲冠萬邦
梅乃宿
黒松
白鹿
長生自得
千年壽
特撰
萬歳紋
月桂冠

und würdevoll zu altern, deshalb in Japan so verbreitet – weil die Art, wie man sich um die Älteren kümmert, kulturell verankert ist.

Das steht in enger Beziehung zu dem Konzept von *fureai* – die wechselseitige Verbindung oder das Band, das innerhalb der Gesellschaft zwischen Generationen oder unterschiedlichen Berufszweigen geknüpft wird. *Fureai*, was »enge Wechselseitigkeit« bedeutet, unterscheidet sich von einer traditionelleren Form der Beziehung oder Freundschaft. Es beschreibt die Beziehung, die etwa eine Erzieherin im Kindergarten zu ihren Schützlingen hat, oder eine Krankenschwester zu den Patienten in ihrer Obhut.

Nur vor einem solchen Hintergrund konnte sich so etwas wie der *fureai kippu* (ein »Fürsorge-Ticket«) etablieren und florieren. Eingeführt in den frühen 1990er-Jahren, wurde der *fureai kippu* zu einer Art sozialer Währung oder einem Guthaben, dessen Einheit eine Stunde gemeinnützige Arbeit ist, die man verdienen, sich gutschreiben lassen oder tauschen kann. Das kann innerhalb derselben Generation (unter Freunden, die sich gegenseitig helfen, zum Beispiel indem sie mal etwas aus der Apotheke holen) geschehen, oder zwischen Generationen als Dank für Hilfsdienste (wie sich irgendwohin fahren oder bei der Hausarbeit helfen zu lassen). So kann sich ein jüngerer Mensch dieses Guthaben verdienen, indem er jemanden zum Einkaufen fährt, im Garten beim Unkrautjäten hilft oder körperliche oder handwerkliche Arbeit erledigt, die eine ältere Person nicht selbst machen kann.

Menschen mit älteren Familienmitgliedern, die woanders leben, können jemandem in ihrer eigenen Gemeinde helfen und dann ihr Guthaben an ihre Verwandten übertragen, damit diese ihrerseits ähnliche Dienste in Anspruch nehmen können, die ihre Familie übernommen hätte, wenn sie näher beieinander wohnen würden.

Fureai kippu ist letztendlich eine physische Manifestation des Altruismus, mit der man handeln, die man sparen oder tauschen kann. Manche Nutznießer des *fureai-kippu*-Systems ziehen solche Dienstleistungen durch die Gemeinschaft rein finanziell motivierten vor, weil sie die persönliche Verbindung bevorzugen.

Der Grundgedanke ist, dass das Altern nichts ist, wovor man Angst haben oder sich scheuen muss – es betrifft jeden von uns irgendwann. Was man hieraus lernen kann, ist Respekt, Mitgefühl und Engagement – für eine umsichtigere und fürsorglichere Gemeinschaft für jeden und auf jedem Abschnitt seiner Reise.

Im ungeschönten Leben

Als jemand, der seinen Lebensunterhalt damit verdient, wohltätige Einrichtungen über die unglaublichen und tollen Möglichkeiten der sozialen Medien zu beraten, weiß ich aus erster Hand, wie zerstörerisch diese auch sein können.

Es besteht ein ständiger Druck, über das glückliche Leben zu posten, das man führt, wie viel Spaß man hat und wie gut man aussieht – während man die ganze Zeit von Menschen umgeben ist, die dasselbe tun. Doch es ist wichtig, das nicht immer für bare Münze zu nehmen. Niemand redet gern über seine schlechten Tage oder über seine Wehwehchen. Seien Sie sich bewusst, dass nicht immer alles so rosig ist, wie es nach außen hin erscheint – und seien Sie immer höflich.

Denn das Leben ist vergänglich, das Dasein unbeständig und das Leben zieht schnell an einem vorbei. Versuchen Sie, immer präsent und authentisch, einfach Sie selbst zu sein. Dann werden Sie glücklicher sein.

Shibui

Viele Gegenstände, die *wabi* oder *sabi* sind, können auch als *shibui* betrachtet werden. Das bezeichnet eine zurückhaltende, unauffällige und raffinierte, aber doch bescheidene oder dezente Art von Schönheit, die auf eine tiefere Komplexität im Inneren von Dingen hindeutet, die auf den ersten Blick schlicht erscheinen.

Das Wort hinter dem Konzept lässt sich als »ätzend« oder »scharf« übersetzen, aber nicht zwangsläufig mit einer negativen Konnotation. Viele Dinge können *shibui* sein, indem sie direkt, bescheiden und unkompliziert sind. Und gerade in ihrer Funktionalität liegen ihre Schönheit und ihr Reiz.

Noch ein Wort, das das Gefühl hinter *shibui* verdeutlicht, ist Nüchternheit, die jedoch auch etwas Elegantes, Würdevolles beinhaltet. *Shibui*-Farben sind zum Bespiel gedeckt – insbesondere Grautöne.

Es geht darum, die einfacheren Dinge des Lebens zu genießen – ohne Maßlosigkeit und übertriebene Extravaganz –, die Schönheit und den Charme in dem abgetragenen Kleidungsstück zu entdecken, und die Freude, die es einem bereiten kann.

Mono no aware – Das bittersüße Wesen des Seins

»*Mono*« bedeutet Ding und »aware« lässt sich übersetzen als die Sensibilität für oder leichte Traurigkeit über die flüchtige, vergängliche Natur des Lebens. Es kann auch Sensibilität gegenüber Dingen und der Natur des Lebens bedeuten – etwas, das bewusst wahrgenommen und mit einem Anflug von Melancholie oder Wehmut akzeptiert wird.

Es ist ein weiteres Beispiel dafür, wie die japanische Sprache es schafft, ein Gefühl einzufangen, das wir alle schon mal hatten. Vor Kurzem habe ich mich auf einer Dinner-Party mit einem Freund unterhalten, der bemerkte, dass es irgendwann in unserer Kindheit einen Zeitpunkt gab, als unsere Eltern uns zum letzten Mal hochhoben oder auf den Schultern trugen – und *mono no aware* beschreibt perfekt das Gefühl, das dieser Gedanke hervorruft. Es ist eine Traurigkeit aufgrund dieser Erkenntnis, aber ebenso eine Anerkennung der Unausweichlichkeit von allem. Es entsteht durch Reflexion und Selbstwahrnehmung und durch Beobachtung der Welt um uns herum.

Natsukashii

In den ersten Tagen eines Besuchs in Japan hört man mich häufig »*natsukashii!*« rufen.

Natsukashii ist ein Gefühl nostalgischer Freude oder etwas, das eine bestimmte Emotion oder Erinnerung hervorruft. Meistens geschieht das, wenn mir ein bestimmter Duft begegnet oder ich etwas Vertrautes nach langer Zeit wieder esse.

Die Empfindung hinter *natsukashii* ist zwar in erster Linie Freude, allerdings mit einem winzigen Stich der Wehmut. Im Großen und Ganzen ist es aber ein glückliches und angenehmes Gefühl, wie man es sich wünscht, wenn man niedergeschlagen ist. Sie erleben es etwa, wenn Sie alte Schulfreunde treffen oder an frühere Gewohnheiten oder Aktivitäten denken, die Sie vielleicht aus Ihrem Leben gestrichen haben. Sich alte Fotoalben anzusehen oder Musik aus einer bestimmten Zeit Ihres Lebens zu hören, ist zum Beispiel eine tolle Art, Trost zu finden und eine Bestandsaufnahme zu machen.

備長炭
鳥焼亭
三八九
三平ストア
ステーキ&ハンバーグ
2·3F
味噌汁
お替り自由
24時
らぁ麺
椿屋カフェ
2F 3F 82席
2F·3F
ステーキ&ハンバーグ
ライスも味噌汁お替り自由!!
MOA
3rd St.
モア
3番街
100 YEN SHOP
STEAK HOUSE
沖縄
ば
油
地下にテーブル席18席有りま
油そば
80
地下に
24h

Ich denke, das Konzept des *wabi-sabi* spricht viele Menschen außerhalb Japans an, weil es im Kontrast zu anderen Idealen der Perfektion steht – der unermüdlichen Jagd nach ewiger Jugend, Stillstand oder Makellosigkeit. In vielerlei Hinsicht sind diese Ideale völlig unrealistisch und unerreichbar – und ziemlich würdelos. Trost und Schönheit im Vergehen des Augenblicks zu finden und entspannt zu akzeptieren, was wir sowieso nicht ändern können, scheint versöhnlicher. Es macht Frieden und Zufriedenheit erreichbar und ist eine Motivation, achtsamer und netter zu sich selbst zu sein.

Wabi-sabi führt Sie zurück zum Kern des Menschseins und zu Ihrer Beziehung zu natürlichen Vorgängen und der Reise, auf der Sie sich befinden – wie rasch sich das Leben an Sie heranschleicht und wie wichtig es ist, dankbar für das zu sein, was Sie haben.

Kintsugi

金継ぎ

Das Entdecken der Schönheit
in der Unvollkommenheit

Der Legende nach wird die Kunst des *kintsugi* (oder *kintsukuroi*), was »mit Gold verbinden« bedeutet, dem Shogun Ashitaga Yoshimasa aus dem fünfzehnten Jahrhundert zugeschrieben, der so bestürzt über eine verpfuschte Reparatur eines seiner kostbaren Keramikstücke war, dass er einige japanische Kunsthandwerker anflehte, sich eine andere, ästhetischere Lösung einfallen zu lassen. Die Antwort darauf war die Geburt des *kintsugi*.

Die Philosophie hinter Kintsugi

Kintsugi ist die Kunst, zerbrochene Töpferware mit goldenem Lack zu reparieren. Die Scherben werden wieder zusammengefügt und sind mit Gold gesäumt sogar noch schöner, als sie es ursprünglich waren. Statt weggeworfen oder wegen seiner Makel beklagt zu werden, wird ein Gegenstand mehr denn je geschätzt, da sein Schönheitsfehler oder Mangel durch die Kunst des *kintsugi* zu seiner Stärke wird und seine Schönheit vergrößert.

Kintsugi findet man oft bei Tassen, die für die Teezeremonie (oder *sado*) verwendet werden, wo Stücke mit einer interessanten Unvollkommenheit oder Mangelhaftigkeit für ihre Schönheit und ästhetische Qualität geschätzt werden.

Das Konzept von *kintsugi* ist eine überzeugende Metapher und braucht sich nicht allein auf Gegenstände zu beschränken. Es ist wichtig und gibt Kraft, darüber nachzudenken, vor allem in Zeiten in Ihrem Leben, die große Herausforderungen bereithalten. Es kann sogar auf etwas so Unbedeutendes wie einen Charakterzug oder »Makel« angewendet werden, den Sie an sich selbst feststellen. Zum Beispiel hatte ich schon immer Sommersprossen. Ich habe Stunden damit verbracht und kiloweise Mittelchen aufgetragen, um die Flecken zu verbergen, die immer in meinem ganzen Gesicht sprießen, wenn ich zu lange in der Sonne war.

Früher gab es immer eine Sommersprosse, die ich besonders hasste – auf meinem Kinn, nicht ganz in der Mitte, sondern etwas links davon. Ich deckte sie immer komplett mit Make-up ab, damit sie verschwindet, was sie, sehr zu meiner Verärgerung, nie ganz tat.

Dann, während meines ersten Jahres an der Uni – eine unheimlich unangenehme Zeit, in der man versucht, Freunde zu finden und in einer neuen Stadt und Umgebung zurechtzukommen – sagte ein Mädchen, das später eine meiner engsten Freundinnen werden sollte, wie sehr sie diese von mir gehasste Sommersprosse mochte. Es war nur eine beiläufige Bemerkung, als wir uns zum Ausgehen fertig machten, aber seitdem erinnert mich dieser Fleck auf meinem Kinn immer an sie, an jene Zeit meines Lebens und wie viel Spaß wir zusammen hatten. Es verwandelte jene Sommersprosse von einem Schandfleck in eins meiner liebsten Merkmale.

Ich liebe die Philosophie hinter *kintsugi*, weil die Prüfungen, denen wir uns im Leben stellen müssen, uns als Menschen formen. Genauso wie man das Bittere braucht, um das Süße schmecken zu können, sind die Kämpfe, die wir austragen müssen – Verlust, Treuebrüche, Liebeskummer, Enttäuschung –, ein Teil unserer Geschichte, unserer Identität. Und statt die Narben zu verstecken, die sie hinterlassen, ermutigt *kintsugi* uns, sie und die Art, wie sie uns definieren, wertzuschätzen. Nichts ist je wirklich zerstört, egal, wie schmerzhaft es einem in dem Moment erscheint.

Auf einer praktischeren Ebene ermuntert es uns auch, achtsamere und bewusstere Konsumenten zu sein. Anstatt der schnellen Mode zu frönen, sollten wir auf unsere Besitztümer achten, sie reparieren und nicht gleich wegwerfen und durch etwas Neues ersetzen. Das ist besser für die Umwelt und für unser Bankkonto und reduziert auch überflüssigen Ballast.

Umgekehrt dient *kintsugi* auch als starke Metapher für die Art, wie wir mit unseren Stärken und Schwächen umgehen. Es gibt ein japanisches Sprichwort, das das perfekt ausdrückt: *chousho wa tansho*, was sich grob als »Unsere Stärken sind unsere Schwächen« übersetzen lässt. Blindes Vertrauen oder Vermessenheit, was unsere vermeintlichen Stärken angeht, kann zum Fallstrick werden.

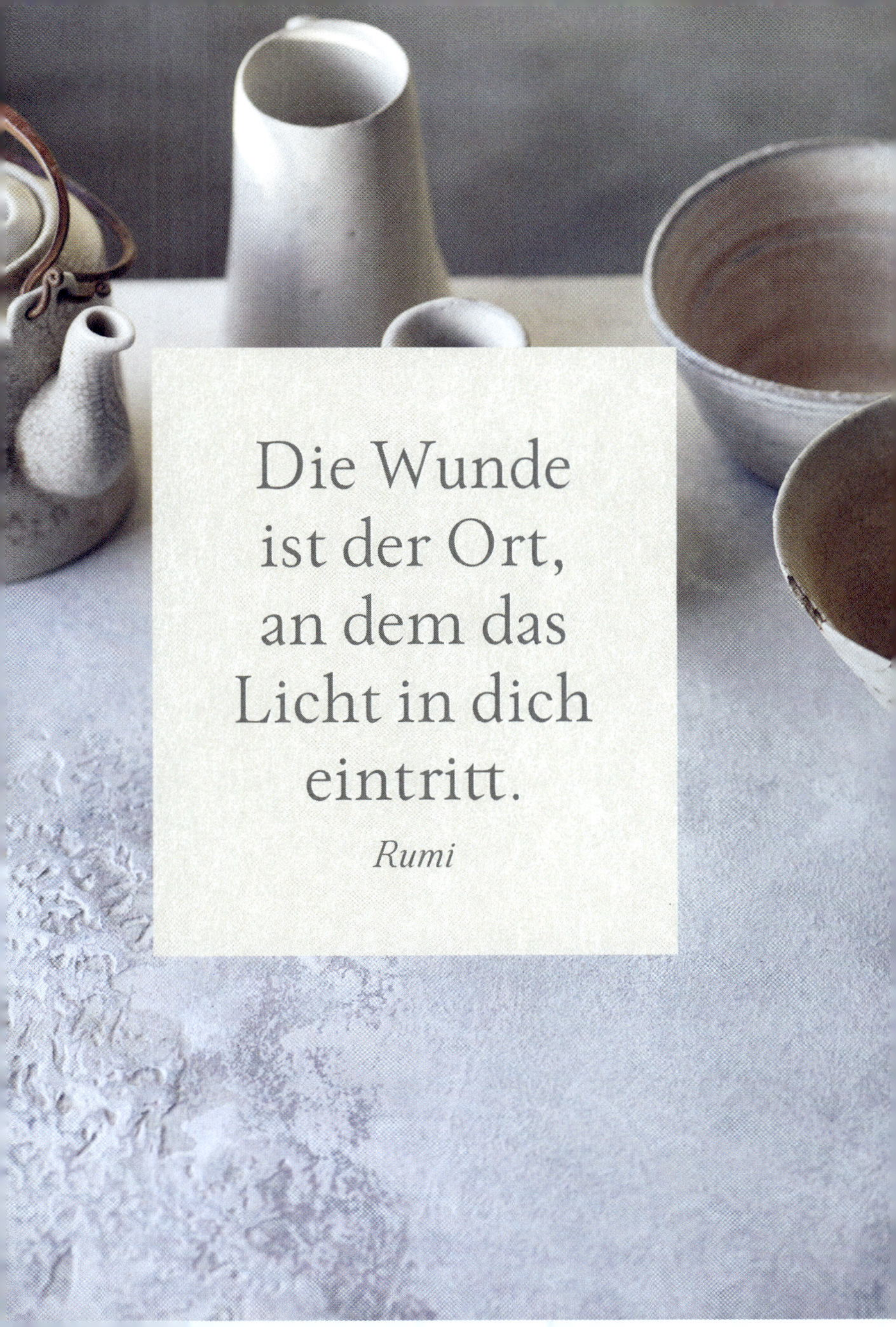

Die Wunde
ist der Ort,
an dem das
Licht in dich
eintritt.

Rumi

Es ist wichtig, Stärken nicht als selbstverständlich anzusehen – sie alle erfordern Arbeit, Engagement und eine Menge Pflege, egal ob es um eine Fähigkeit, eine Beziehung oder unsere geistige und körperliche Gesundheit geht.

Durch das Entdecken der Schönheit in der Unvollkommenheit verleiht *kintsugi* so viel Kraft.

Arten von Kintsugi

Es gibt verschiedene Arten, um zerbrochene Keramik mithilfe der *kintsugi*-Methode zu reparieren.

Sprünge flicken: hibi

Diese Methode eignet sich für kleinere Brüche oder Risse, da sie die geringste Mühe kostet und besonders wenig Goldlack verbraucht. Sie ist perfekt für Brüche, bei denen Sie noch alle Scherben haben und diese leicht wieder zusammengesetzt werden können. Es ist kein Überlappen nötig, sondern geht nur darum, die zerbrochenen Teile wieder zusammenzufügen und mit dem mit Goldstaub versetzten Lack zu versiegeln.

Durch Gold ersetzen: kake no kintsugi rei

Wenn Teile fehlen oder nicht mehr so ganz zusammenpassen, versiegelt man die kaputten Stellen mit einem größeren Stück Gold.

Patchwork: yobi tsugi

Hier werden fehlende Teile durch Scherben von anderen zerbrochenen Gegenständen ersetzt. So entsteht eine Art Patchwork.

Keramik mit der Kintsugi-Methode flicken

Traditionelles, authentisches *kintsugi* wird mit echtem Gold gemacht – und es erfordert Übung, Präzision und großes Geschick. Wenn Sie sich aber mal daran versuchen möchten, gibt es im Internet auch ohne weiteres *kintsugi*-Sets für zu Hause zu kaufen (obwohl das Gold mitunter nicht echt ist). Darin enthalten sind immer:

- Kleber oder Lack
- Kitt
- Goldpulver
- ein dünner Pinsel

Sie mischen den Kleber oder Lack mit dem Goldpulver und pinseln ihn auf eine Seite des zerbrochenen Gegenstandes. Dann drücken Sie rasch das passende Teil daran, sodass der Lack den Gegenstand zusammenhält. Beim Pinseln und Festhalten sollten Sie schnell sein, wenn es allerdings ums Loslassen geht, nehmen Sie sich Zeit und vergewissern Sie sich, dass sich die Teile gut miteinander verbunden haben.

Wenn Sie ein größeres Stück reparieren, wie beim *kake no kintsugi rei*, vermischen Sie etwas Goldpulver mit dem Kitt, um den Bereich, wo eine Scherbe fehlt, zu versiegeln.

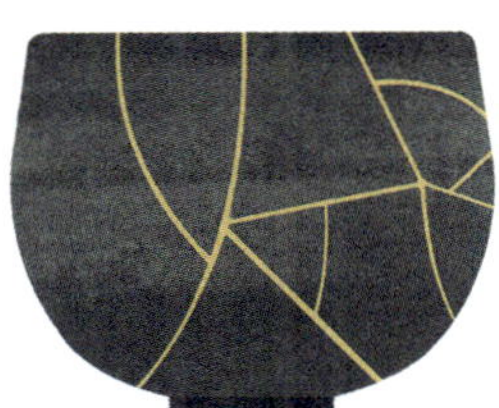

Anwendung der Kintsugi-Philosophie auf Ihr Leben

Wir wissen, dass *kintsugi* über das Flicken der physischen Brüche in Töpferware oder Keramik hinausgeht, aber wie können wir es zu einem Teil unseres täglichen Lebens machen? Hier sind ein paar Möglichkeiten:

Nicht auf seinen Lorbeeren ausruhen

Es ist ganz natürlich, dass wir uns auf unsere Schwächen konzentrieren und versuchen, sie zu verbessern, aber passen Sie auf, dass Sie Ihre Stärken nicht als selbstverständlich ansehen oder vernachlässigen. Das könnte sich vielleicht rächen.

Reparieren statt ersetzen

Bloß weil ein Gegenstand kaputt ist, heißt das nicht, dass er das Ende seines nützlichen Lebens erreicht hat. Schuhe sind ein tolles Beispiel – bringen Sie sie zum Schuster, um die Absätze zu reparieren. (Und investieren Sie lieber von Anfang an in Qualität, anstatt ein billiges Paar zu kaufen, das unweigerlich schnell dahin ist.)

Lernen Sie Ihre Fehler und Unvollkommenheiten lieben

Sie sind das, was uns von anderen unterscheidet und definiert. Und statt nach unrealistischen Maßstäben zu streben, die für ständige Enttäuschungen sorgen, konzentrieren Sie sich auf das, was Sie an sich mögen. Die Dinge positiv zu betrachten, kann Ihre Perspektive verändern und Sie letztendlich zufriedener machen.

Eine Metapher für das Leben

Kintsugi ist so schön, weil es einen entscheidenden Augenblick im Leben eines Gegenstandes betont – die Stelle, wo er bei Druck brechen könnte. Aber es zeigt auch, dass der Gegenstand sich seine Pracht immer noch bewahren kann – dass der Augenblick, in dem er bricht, lediglich ein kleiner Schritt einer längeren, bedeutsameren Reise ist.

Kintsugi kann als Metapher für das Überwinden von Verlusten oder Betrug angesehen werden, indem es nicht den Verlust selbst ins Licht rückt, sondern wie es den fraglichen Gegenstand oder Menschen geformt hat. Es spielt eine wichtige Rolle bei der Teezeremonie und offenbart innerhalb dieses Vorgangs viel über die

Psyche und kulturellen Werte – *kintsugi*-Teetassen sind wertvoller als vermeintlich fehlerfreie. Die Fehler, Macken, Reparaturen und Brüche sagen auch viel mehr über die Beziehung des Besitzers zu den Gegenständen: Wie sehr werden sie geliebt? Wie gut kümmert man sich um sie und verlässt sich auf sie? Und welche Rolle spielen sie für jemanden?

Natürlich kommt es auf die Betrachtungsweise an, aber man könnte es mit der Beziehung vergleichen, die jemand etwa zu seinem geliebten Teddy aus Kindertagen hat. Für jemand anderen, der keine Beziehung dazu hat, wird er niemals so schön sein – dennoch wird er an den Flicken, den Reparaturen und abgenutzten Materialien erkennen können, dass der Gegenstand geliebt wurde und eine wichtige Rolle im Leben seines Besitzers gespielt hat.

Shoganai

Die Haltung hinter dem Konzept von *kintsugi* entsteht durch die Bereitschaft, Dinge zu akzeptieren, die man nicht ändern kann. Das Wort dafür ist *shoganai*, was bedeutet »da kann man nichts machen«. Beim Bäcker wurde Ihnen das letzte Brot vor der Nase weggeschnappt? *Shoganai.* Sie haben die Rolle, für die Sie vorgesprochen haben, nicht gekriegt? *Shoganai.* Es geht darum, Ihre Enttäuschung anzunehmen, aber gleichzeitig zu wissen, dass man nichts daran ändern kann. Es ist nervig, und das wollen wir anerkennen, bevor wir weitermachen.

> Da der erste Teil nun zu Ende geht, denken Sie daran, dass das Nähren Ihres *kokoro*, also von Herz, Geist und Seele, etwas ist, das niemand anderes für Sie tun kann. Andere können eine wichtige Rolle spielen, Ihnen dabei helfen, aber letztendlich liegt die Verantwortung bei Ihnen selbst. Sie müssen die Zeit herausschinden, um sich um sich selbst zu kümmern, um anderen zu helfen und produktiver zu werden. Noch einmal: Es geht darum, eine Balance zu finden, aber planen Sie Zeit dafür ein.
>
> Finden Sie Ihren Antrieb und Ihren Sinn, Ihr *ikigai*. Stecken Sie Ihre Ziele hoch, aber bleiben Sie realistisch. Machen Sie sich Ihre Grenzen klar, um sie dann zu testen. Denken Sie daran, sich Zeit zu nehmen, und zelebrieren Sie die kleinen Erfolge – die Zeit rennt und wird schneller an Ihnen vorbeieilen, als Sie denken. Bleiben Sie demütig, seien Sie flexibel und nehmen Sie sich Zeit zur Reflektion.

Es werden auch schwere Zeiten kommen – mit ziemlicher Sicherheit werden Sie sich unterwegs Beulen und Kratzer zuziehen. Aber das sind die Dinge, die Sie formen werden – und die Wertschätzung jener Narben wird Ihnen zeigen, wie weit Sie gekommen sind.

II

Karada

体

Der Körper

Zufriedenheit und Achtsamkeit erreicht man oft durch Rituale und Übung. Indem Sie sich bewegen und dabei Ihre Kreativität fließen lassen, können Sie Klarheit erlangen – die Dinge nüchtern betrachten und in den Fokus rücken.

Ob Sie einen Spaziergang machen, Tee zubereiten oder Blumen arrangieren – diese und viele andere simple Handlungen können viel über Sie und Ihre Beziehungen enthüllen, nicht nur zu anderen, sondern auch zu sich selbst.

Ich habe diesen Abschnitt *karada* genannt, der Körper, weil sich alles darin um das Physische dreht – um Bewegungen, künstlerische Aktivitäten und wie Sie Ihre unmittelbare Umgebung und Ihr Umfeld in sich aufnehmen.

Ich habe mich und meine Familie nie als besonders traditionell angesehen, aber als ich begann, diesen Abschnitt zu schreiben, war ich angenehm überrascht, wie viele japanische Traditionen und Bräuche tatsächlich in unseren Alltag eingeflossen sind: die Wanderungen meines Großvaters durch seine geliebten Berge und Hügel um Kamakura; die Ausflüge meiner Tante Junko in die Kunst des Blumenarrangierens (*ikebana*); die Liebe meiner Großmutter Motoko zur Kalligraphie; und das lebenslange Praktizieren der Teezeremonie durch die jüngere Schwester meiner Mutter, Taeko.

Kochen ist eine meiner großen Leidenschaften. Es hat mich überhaupt erst dazu gebracht, mit dem Schreiben und Teilen meiner Erfahrungen anzufangen. Ich habe es von meiner Mutter gelernt, einer begeisterten und geübten Köchin. Die Gespräche mit meiner Familie darüber, warum sie Kalligraphie, *ikebana*, die Teezeremonie und *shinrin-yoku* (Waldbaden) lieben, und wie das alles in ihr stressiges und chaotisches Leben passt, haben mich all das noch mehr schätzen gelehrt als je zuvor.

Beharrlichkeit
ist Stärke.
Japanisches Sprichwort

Wenn man sie traditionell und authentisch ausüben will, erfordern diese japanischen Künste jahrelange Hingabe, den Unterricht von Meistern im jeweiligen Gebiet und großen Einsatz von Geld und Zeit. Auch hier gilt: Gut Ding will Weile haben, aber es lohnt sich definitiv, dranzubleiben. Experte in der Ausübung einer uralten japanischen Kunst wie *ikebana* zu werden, ist sicherlich für die meisten von uns auf praktischer Ebene unerreichbar (es sei denn, Sie leben in Japan), doch es gibt so viele Dinge, die wir lernen, übernehmen und in einem kleineren, realistischeren (und vor allem bequemeren) Rahmen in unser Leben integrieren können.

Im zweiten Teil sehen wir uns die Vorteile an, die Aktivitäten wie *shinrin-yoku, ikebana* und *onsen*, das Baden in heißen Quellen sowie Dinge wie unsere Einstellung zum Essen haben können, und was Sie über deren Umsetzung in Japan lernen können. Das Ziel ist, durch all diese und andere Praktiken wie etwa die Kalligraphie, Inspiration zu finden, wie Sie Ihre Umgebung formen, Ihr Zuhause verwandeln und die kleinen Dinge schätzen lernen können (zum Beispiel, wie befriedigend eine gute Tasse Tee sein kann).

Es ist essenziell, sich die Zeit zu nehmen, sich selbst kennenzulernen, und diese Künste und Praktiken sind nur einige der Wege, das zu tun. Viele davon, wie das Arrangieren von Blumen, Waldbaden oder Kalligraphie, sind eher einsame Beschäftigungen. Sie bringen Sie mit sich selbst in Kontakt, können aber auch mit anderen geteilt werden (man kann seine Werke ausstellen, darüber diskutieren oder sich in eine größere Gemeinschaft oder ein Netzwerk einbringen). Wenn Sie nicht in der Lage sind, sich die Zeit für sich zu nehmen, können Sie auch anderen nicht effektiv helfen. Es geht um das Wissen und den Glauben, dass es nicht egoistisch ist, diesem Aspekt Ihres Lebens Priorität einzuräumen.

Shinrin-yoku

森林 浴

Durch die Natur genährt

Der Ausdruck *shinrin-yoku* wurde ursprünglich in den 1980er-Jahren vom japanischen Agrarministerium geprägt, um die Praxis zu beschreiben, sich durch das Eintauchen in die Natur, oder auch »Waldbaden« zu heilen.

Zahllose wissenschaftliche Studien untermauern die Bedeutung und den therapeutischen Wert, sich mit Natur und Bäumen zu umgeben, und diese Praxis ist weithin akzeptiert. Sie müssen kein Wissenschaftler sein, um zu erkennen, dass ein Spaziergang helfen kann, Ihren Gesundheitszustand zu verbessern, aber was die Praxis des *shinrin-yoku* so effektiv macht, ist die Einstellung, mit der Sie das tun.

Obwohl ich jetzt mitten in London lebe, gehe ich überall zu Fuß hin – zum Beispiel die Kanäle entlang oder die belebten Bürgersteige der Brücke über die Themse, um zur Arbeit zu kommen. Es hilft mir, den Kopf frei zu bekommen, und ist oft das Highlight meines Morgens. Die Sonne im Gesicht oder den Wind in den Haaren zu spüren, und sei es nur für einen kurzen Moment, kann so belebend sein. Das ist das Gefühl, dem Sie bei *shinrin-yoku* auf der Spur sind: von der Natur geheilt zu werden. Und es wirkt Wunder.

Es gibt einen Ausdruck im Japanischen – noch einer von jenen scheinbar unübersetzbaren Aphorismen: *kachou fuugetsu*. Einzeln bedeuten die Zeichen »Blume, Vogel, Wind und Mond«, aber zusammen sind sie mehr als die Summe ihrer Bestandteile und beschreiben etwas wesentlich Kraftvolleres und Emotionaleres. *Kachou fuugetsu* wird meistens übersetzt als: das Lernen über sich selbst durch die Erfahrung der Schönheit der Natur. Ich finde, diese Empfindung hat etwas überaus Bezauberndes – fast Erholsames: seinen Platz in der Welt kennen und sich wieder auf das Grundlegende zu besinnen.

Idealerweise ist man von Grün umgeben – insbesondere von Bäumen. In Japan gibt es einige schöne Wälder, und die Japaner sind berühmt für ihre Gärten. Stellen Sie sich das Aufhalten draußen in der Natur vor wie Ihre tägliche Ration Obst oder Gemüse. Es ist eine Art von Nahrung oder Medizin, die der Hektik und dem Stress Ihres Arbeitsalltags entgegenwirkt.

In sechs Schritten zu Shinrin-yoku

1. Lassen Sie Ihre elektronischen Geräte zu Hause

Um richtig in die Natur einzutauchen und den vollen Nutzen aus *shinrin-yoku* zu ziehen, müssen Sie alle Geräte von Mobiltelefonen bis hin zum Fitness-Armband ausschalten (ja, auch Instagram) – alles, was Ihnen Push-Benachrichtigungen sendet oder generell davon ablenkt im Hier und Jetzt zu sein, und Ihrem Geist Anlass gibt, woanders hin zu wandern. Bleiben Sie nicht nur körperlich, sondern auch geistig im Wald. Was auch immer Sie von woanders lockt, kann warten, bis Sie zurück sind.

2. Folgen Sie keinem festgelegten Weg

Ihre Umgebung in sich aufzunehmen – die Landschaft, Geräusche und Gerüche – gehört zum Heilungsprozess. Lassen Sie sich nicht ablenken oder stressen, verwirren oder vereinnahmen, indem Sie einem festgelegten Weg folgen oder weil Sie ein bestimmtes Wahrzeichen oder eine Sehenswürdigkeit sehen wollen. Lassen Sie die Wanderkarten zu Hause. Wenn Sie unterwegs auf jenes Wahrzeichen stoßen, ist das toll – aber es ist nicht maßgeblich für Ihren Ausflug.

3. Saugen Sie die Atmosphäre ein

Treten Sie aktiv mit der Landschaft um Sie herum in Kontakt und halten Sie die Augen offen. Identifizieren Sie verschiedene Pflanzen- oder Baumarten, zählen Sie die Ringe auf einem Baumstumpf ... Beim *shinrin-yoku* geht es nicht darum, von A nach B zu gelangen, sondern darum, die Augenblicke und die Stille auf dem Weg zu genießen. Es geht darum, ohne ein festes Ziel zu wandern. Aber denken Sie nicht, kein festes Ziel zu haben bedeute, keinen tieferen Sinn zu verfolgen. Der liegt aber eher darin, das Ziel im Geiste zu erreichen, nicht körperlich.

4. Ruhe, bitte!

Wenn Sie mit anderen unterwegs sind, sollten Sie einen Pakt schließen, einige Zeit zu schweigen, um stille Reflexion zu ermöglichen und Ihre Mitte zu finden. Hören Sie auf Ihren Geist und Ihren Körper und verbinden Sie sich gedanklich mit der Natur. Jetzt geht es nicht darum, Neuigkeiten auszutauschen. (Das können Sie später, vielleicht bei einer Tasse Tee.)

5. Üben Sie Achtsamkeit

Versuchen Sie, Ihre Probleme zu Hause zu lassen. Oder, falls Sie das nicht schaffen, denken Sie immer nur an eine Sache. Das Ziel ist, Klarheit zu erreichen und diese Zeit für ein Ausbrechen aus dem Alltag zu nutzen. Nach einer geistigen Pause werden Sie in der Lage sein, die Dinge klarer zu sehen.

6. Einmal tief durchatmen, oder zweimal, oder …
Es ist kein Geländemarsch oder Ausdauertest. Machen Sie oft Pause und lassen Sie alles auf sich wirken. Hatte ich nicht gesagt, Sie sollen das Fitness-Armband zu Hause lassen?

Naturphänomene, denen Sie vielleicht auf dem Weg begegnen

Den Wald vor lauter Bäumen nicht sehen ist ein Ausdruck, den wir sicher alle schon mal benutzt haben, aber durch *shinrin-yoku* wollen wir genau das. Die Details in uns aufnehmen, die uns vorher nicht aufgefallen sind, und uns die Zeit nehmen, zu beobachten, nach den Eigenheiten zu suchen und alles in neuem Licht zu betrachten. Es gibt so viele japanische Ausdrücke, die mit einem einzigen Wort die Beziehungen zwischen verschiedenen Phänomenen erklären, und ich finde sie zu schön, um sie nicht zu teilen – etwas, wonach Sie Ausschau halten können, wenn Sie das nächste Mal draußen sind, um im Wald zu baden.

Komorebi

Wie wir gesehen haben, gibt es in der japanischen Sprache einige sehr schöne Wörter, die keine direkte englische Übersetzung haben, und *komorebi* ist vielleicht einer meiner Favoriten darunter. Es wird verwendet, um das besondere Licht zu beschreiben, das man im Wald sehen kann – die durch das Laub der Bäume gefilterten Sonnenstrahlen.

Kogarashi

Ein weiteres Wort, von dem ich finde, dass es viel über die Feinheiten der Natur sagt und wie sie wahrgenommen werden, ist *kogarashi.* Es beschreibt einen kalten, frostigen Wind. Es bezieht sich jedoch nicht etwa auf einen heftigen Sturm. Es ist die Art von Wind, die die Blätter von den Bäumen zupft. *Kogarashi* kennzeichnet das Welken der Blätter und eine bestimmte Jahreszeit, genauer das Phänomen der von den Bäumen fallenden Blätter.

Kawaakari

Das ist das Wort für die Art und Weise, wie sich Licht – insbesondere Mondlicht – in einem Fluss spiegelt, und beschreibt das Glitzern, Kräuseln und Schimmern, das dabei entsteht. Es bezieht sich auf die Helligkeit des Flusses und die Art, wie das Licht auf der Oberfläche tanzt.

Die Wissenschaft hinter Shinrin-yoku

Shinrin-yoku ist nicht bloß irgendein neumodischer Hippie-Nonsens. Der Nutzen wurde durch die Wissenschaft bestätigt (ein Hoch auf Fakten!). Davon abgesehen, dass ein Spaziergang gut für Ihr Herz-Kreislauf-System ist, wurde in Studien festgestellt, dass *shinrin-yoku* die Konzentration des Stresshormons Cortisol senkt, ebenso wie Puls und Blutdruck.[2]

Teilweise ist das darauf zurückzuführen, dass die Bäume Stoffe, so genannte Phytonzide, abgeben, die man bei einem Spaziergang durch den Wald einatmet. 2009 fand eine Studie heraus, dass diese Phytonzide helfen, die Aktivität der weißen Blutkörperchen zu stimulieren und zu erhöhen. Man nennt sie auch »natürliche Killerzellen«, weil sie helfen, Infekte zu bekämpfen, und wichtig für ein gesundes Immunsystem sind.[3] Auch der Duft von Zedern kann nachweislich positive Auswirkungen haben.

Shinrin-yoku in der Großstadt

Wenn Sie das Glück haben, in einer Stadt mit Grünflächen zu leben, nutzen Sie sie. Versuchen Sie, in der Mittagspause aus dem Büro rauszukommen und einen kleinen Spaziergang zu machen. Selbst wenn es nur zehn Minuten sind, wird es Ihnen unheimlich guttun. Und wenn Sie schon draußen sind, können Sie gleich ein wenig freiwillig arbeiten. Setzen Sie ein paar Blumenzwiebeln, jäten Sie Unkraut oder schneiden Sie ein paar Hecken – Sie können die Früchte des *shinrin-yoku* ernten und gleichzeitig Ihrer Umgebung helfen.

Obwohl es bei *shinrin-yoku* darum geht, in der Natur, im Grünen, zu sein, sind nicht alle von uns so einfach in der Lage, in die Natur zu gelangen. Doch es gibt andere Möglichkeiten, es in Ihr Leben einzubauen – vielleicht planen Sie, mehrmals im Jahr aus der Stadt herauszukommen, oder auch in von Menschen geschaffene Grünanlagen wie Gewächshäuser oder botanische Gärten zu gehen (und sei es nur für ein oder zwei Stunden).

Die Natur ins Haus holen

Ein ganzes Kapitel habe ich der Kunst des Blumenarrangierens, *ikebana*, gewidmet (siehe Seite 117), aber Sie können die Natur definitiv auch auf andere Weise in Ihr Haus holen. Ich bin in einem Haus voller Pflanzen aufgewachsen und gebe regelmäßig ein kleines Vermögen auf einem Blumenmarkt aus, der von mir zu Hause glücklicherweise zu Fuß zu erreichen ist (und wo man mich an den meisten Sonntagen antreffen kann).

Bonsai-Bäume

Bonsai sind vielleicht die bekanntesten japanischen Zimmerpflanzen, aber sie erfordern sanfte, liebevolle Pflege. Gießen Sie sie, wenn die Erde leicht trocken wird, und bedecken Sie dabei die Wurzeln – aber nicht zu sehr, denn Sie wollen die Pflanze ja nicht ertränken. Wichtig ist auch die richtige Zusammensetzung der Erde, denn das Ziel ist, die Feuchtigkeit zu erhalten. Feuchte Erde ist essenziell. Beschneiden Sie die Pflanze regelmäßig, sobald die Triebe ein paar Zentimeter gewachsen sind.

Zimmerbambus

Sparsam gießen. Nicht ertränken. Auch die Art des Behälters, in den Sie Ihren Bambus topfen, ist relevant. Wollen Sie ihn in Wasser stehen haben? Fügen Sie ein paar Kieselsteine hinzu und stellen Sie ihn in einen durchsichtigen Behälter. Wenn Sie ihn lieber in Erde pflanzen, nehmen Sie einen Topf aus Keramik, achten Sie aber darauf, dass das Wasser ablaufen kann. Überlegen Sie sich, was Ihnen ästhetisch am besten gefällt, aber seien Sie auch realistisch, was die Pflege betrifft – ein durchsichtiger Behälter setzt eher Algen an.

Setzen Sie Ihren Bambus keinem direkten Sonnenlicht aus, stellen Sie ihn aber in einen hellen Raum. Pflegen Sie ihn: Schneiden und entfernen Sie gelb gewordene Blätter. Und wählen Sie eine grüne Pflanze.

Chrysanthemen

Obwohl Japan für seine Kirschblüten berühmt ist, ist die Chrysantheme, oder *kiku*, im Kaisersiegel Japans abgebildet. Die Blume, die für Verjüngung und ein langes Leben steht, prangt als Symbol für das Land auf jedem japanischen Pass.

Chrysanthemen gedeihen in der Regel draußen am besten, drinnen ist es weniger wahrscheinlich, dass sie sehr lange blühen, aber sie eignen sich prima als Geschenk. Vergessen Sie nicht, die Pflanzen zu »köpfen«, und entfernen Sie welke Blätter und Blüten. Das verlängert ihre Lebensdauer und sieht auch hübscher aus.

Azaleen

Azaleen mögen es kühl. Geben Sie nicht der Versuchung nach, Ihre Azaleen umzutopfen, denn es ist gut, wenn die Wurzeln nur begrenzt Platz haben. Vermeiden Sie zugige Räume.

Einen japanisch inspirierten Garten schaffen

Japanische Gärten haben seit jeher die Phantasie der westlichen Kunst und Kultur beflügelt und erobert. Man findet in beinahe jeder größeren westeuropäischen Stadt einen.

Einmal angelegt, kann ein japanischer Garten relativ pflegeleicht sein, vor allem, wenn ein Steingarten das zentrale Element ist. Um Ihrem Garten etwas japanisches Flair zu verleihen, denken Sie über die folgenden Komponenten nach:

Ein gewundener Weg. Für gewöhnlich findet sich in japanischen Gärten ein gewundener Steinweg, der symbolisch für die Reise durch das Leben steht.

Laternen. Japanische *toro* (oder »Lichtkorb«-Laternen) wurden traditionell nur in buddhistischen Tempeln als Opfergaben für Buddha benutzt. Es gibt sie in verschiedenen Ausführungen – zum Hängen oder als kleine pagodenartige Laternen zum Hinstellen auf den Boden. In vielen Gärten finden sie sich heute aus Stein, Bronze oder Holz, am häufigsten sind jedoch die Steinlaternen, die die Wege am Boden beleuchten.

Steingärten. Ein Steingarten mit vereinzelten größeren Steinen ist nicht nur pflegeleicht, sondern sieht auch toll aus. In Japan ist es nicht ungewöhnlich, statt einem Rasen einen Bereich zu haben, der mit kleinen und größeren Steinen bedeckt ist. Er muss zwar nicht gemäht, aber dennoch gepflegt werden. Vergessen Sie nicht, ihn zu harken, weil er sonst unordentlich aussieht. Die Harke sollte Muster im Kies hinterlassen, damit er um die größeren Steine zu fließen scheint wie ein Fluss. Auf diese Weise versucht man, den Effekt von *kawaakari* (das Leuchten des Flusses) nachzuahmen.

Die besten fünf Orte für Spaziergänge in Japan

Um *shinrin-yoku* an seinem Ursprungsort zu erfahren, kommt hier die ultimative Liste:

1. Nikko

Der Nikko-Nationalpark und die Gegend um den Chūzenji-See sind berühmt für ihr atemberaubendes Herbstlaub und dramatische Landschaften.

2. Kamakura

Ich bin da absolut voreingenommen, da ich Kamakura als meine kulturelle Heimatstadt ansehe, wenn ich zu Hause in Japan bin. Es liegt am Meer *und* ist extrem schön. Der *Daibutsu*-Wanderweg führt Sie an dem Großen Buddha (*daibutsu*) vorbei, ebenso wie an dem Zeniarai-Benten-Schrein, wo die Leute ihr Geld in der Quelle waschen, weil es heißt, dass es sich dadurch verdopple.

3. Kumano Kodo

Das ist der einzige Pilgerweg, außer dem Camino de Santiago in Spanien, der zum Weltkulturerbe erklärt wurde. Er verbindet mehrere Schreine miteinander.

4. Daisetsuzan

Ein wunderschöner Nationalpark auf Hokkaido, Japans nördlichster Insel. Hokkaido ist die am wenigsten erschlossene von allen japanischen Inseln, also perfekt, um in die Natur einzutauchen.

5. Der Fuji

Den konnte ich unmöglich auslassen! Der Fuji hat von allen Wahrzeichen Japans vielleicht den stärksten Symbolcharakter und steht ganz oben auf der Liste der Dinge, die ich unbedingt noch sehen will. Der Sonnenaufgang vom Gipfel aus soll unglaublich sein.

Spazieren zu gehen scheint immer so eine gemächliche Aktivität zu sein – für die man eine Ausrede braucht, es sei denn, es handelt sich um einen strammen Marsch mit einem festen Ziel. Oft macht man es nur am Wochenende, etwa nach einem üppigen Sonntagsessen, dabei hat es so viele Vorteile. Legen Sie kleine Pausen ein und gehen sie nach draußen. Begeben Sie sich so oft wie möglich in die Natur, integrieren Sie es in Ihre Routine der Selbstpflege – nichts kann Ihren Kopf so freimachen wie Waldbaden.

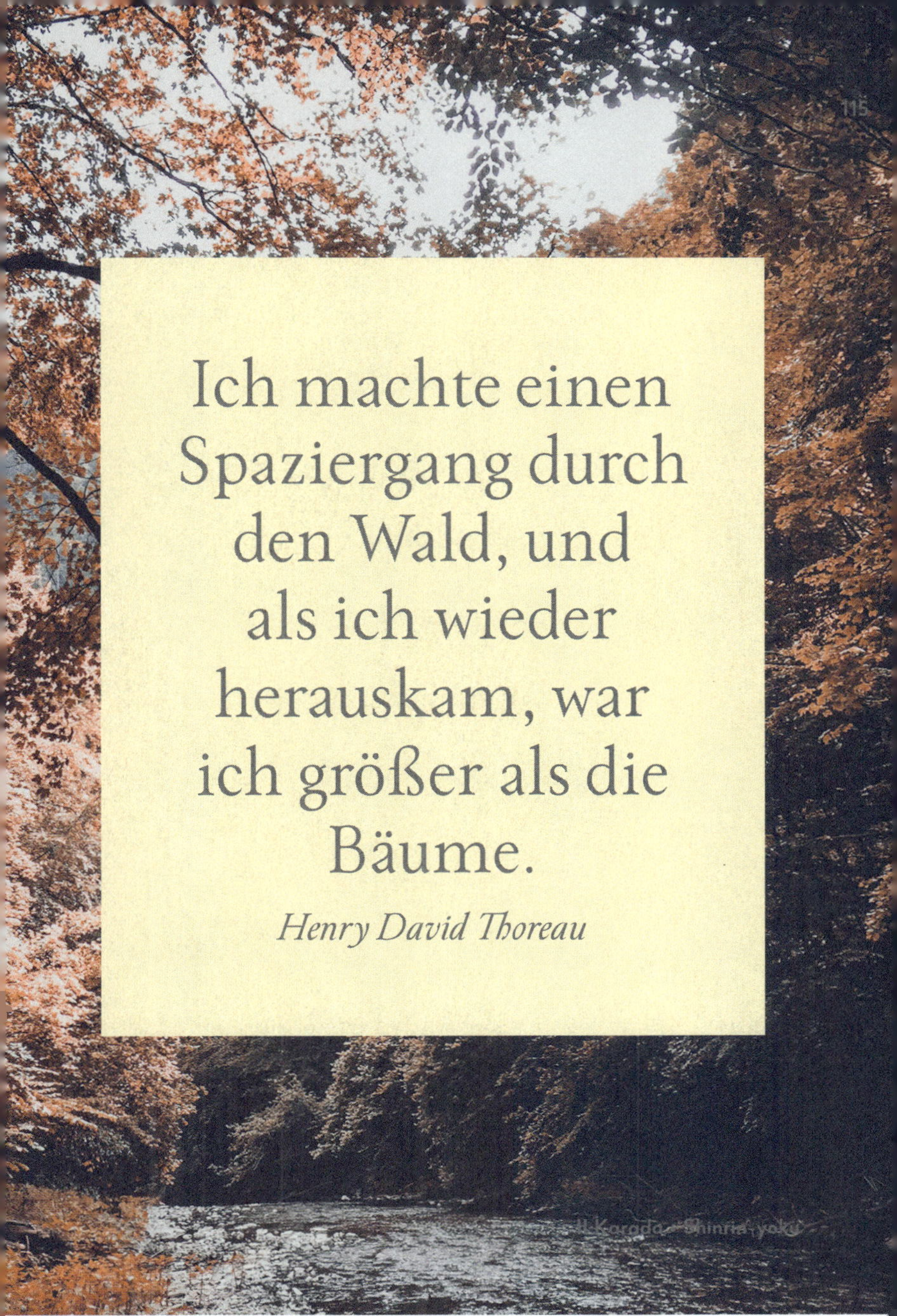

Ich machte einen Spaziergang durch den Wald, und als ich wieder herauskam, war ich größer als die Bäume.

Henry David Thoreau

Ikebana

生け花

Die Kunst des Blumensteckens

Ikebana ist die Kunst des Blumensteckens, aber die wörtliche Übersetzung ist eher: »Blumen Leben schenken«. Auch bekannt als *kado* oder der »Weg der Blumen« reicht die Praktik zurück bis ins siebte Jahrhundert, als in buddhistischen Tempeln Blumen als Opfergaben gereicht wurden.

Wie bei den meisten Kunstformen gibt es beim *ikebana* verschiedene Denkschulen, jede mit ihren eigenen Regeln und streng vorgeschriebenen Methoden. Angeleitet von einem erfahrenen Lehrer, üben die Schüler die Arrangements durch die Wiederholung verschiedener Stile. Es ist so viel mehr als nur Blumen in einen Topf oder eine Vase stellen – es ist ein spiritueller Prozess, der sehr symbolträchtig ist, und einem die Natur näher bringt. Es heißt, dass Samurai-Krieger *ikebana* praktizierten, um vor einer Schlacht einen klaren Kopf zu bekommen und sich besser konzentrieren zu können.

Es gibt ein japanisches Sprichwort, das lautet »*Iwanu ga hana*«, was übersetzt heißt: »Nichts sagen ist eine Blume«, in Anerkennung der Tugend des Schweigens oder der Höflichkeit, anderen nicht ins Wort zu fallen. (Am ehesten entspricht dem wohl der Ausdruck »Schweigen ist Gold«.) Dies vermittelt einen Eindruck des Wesens von *ikebana* – es ist ein sanfter, nachdenklicher Zeitvertreib, der noch dazu den Vorteil hat, das Haus schöner zu machen.

Als Kunstform ist *ikebana* ein stiller Zeitvertreib, der dem Gestaltenden hilft, über Raum, Balance und seine Beziehung zur Welt der Natur zu reflektieren. Es ist meditativ und kann helfen, Klarheit und inneren Frieden zu erlangen. Als Ergebnis enthüllt das fertige Produkt oft viel über die Person hinter dem Arrangement, als hinterlasse sie einen Teil von sich darin.

Ikebana-Arrangements werden nicht im Voraus geplant, sondern durch den rituellen Prozess entdeckt oder enthüllt. Schöne

Blumen müssen nicht zwangsläufig zu guten Ergebnissen führen, und man sollte gemeinsam und organisch an das Arrangement herangehen. Spontanität, Spaß und schnelles und entschlossenes Handeln sind gefragt.

Ikebana ist nicht einfach nur das Ausfüllen eines Gefäßes mit Blumen, sondern es ist eine bildhauerische Tätigkeit – es geht eher darum, in der Komposition ein Gefühl von Balance und Harmonie zu finden. Blumen und Blüten werden mit kahlen Zweigen, Blättern, Fruchtständen und sogar Früchten kontrastiert.

Kurz bevor sie heiratete, entschied sich Junko, die älteste Schwester meiner Mutter, *ikebana* als Hobby zu wählen. (Traditionell suchen sich viele werdende Bräute ein »würdevolles« Hobby, *ikebana* oder die Tee-Zeremonie, um ihre zukünftigen Schwiegereltern zu beeindrucken.) Dieses Hobby hat sie beibehalten und übt die Kunst heute noch aus.

Ikebana spielt, wie die Kalligraphie, auch eine entscheidende Rolle beim *sado*, der Tee-Zeremonie. Vor einer Tee-Zeremonie bewundern die Gäste das ausgestellte *ikebana*-Arrangement, und es steht bei dem Ereignis im Mittelpunkt des Interesses. Meine Großmutter hat für gewöhnlich ein großes Blumenarrangement neben der Haustür stehen, um Gäste willkommen zu heißen. Es ist auch eine Möglichkeit, eine Wandnische zu füllen und interessanter zu gestalten, indem man sie häufig und von der Jahreszeit abhängig neu dekoriert.

Die Japaner sagen,
wenn eine Blume
schön ist, muss man
sie kultivieren.
Lester Cole

Durch die Blume

In vielerlei Hinsicht ist *ikebana* ein bisschen wie Kochen, eine meiner Lieblingsbeschäftigungen. Ich liebe es, rohe Zutaten (oder in diesem Fall ein paar unterschiedliche Stängel und Materialien) zu nehmen und sie in etwas ganz Neues zu verwandeln. Aber wie beim Kochen geht es beim *ikebana* nicht nur um die Zutaten, sondern darum, was man daraus macht. Verschiedene Köche verwenden für dasselbe Gericht unterschiedliche Gewürze und Aromen und haben unterschiedliche Herangehensweisen – und genauso ist es beim *ikebana*: Kein Arrangement gleicht dem anderen.

Die drei Hauptlinien

Drei zentrale Linien bilden die Basis der meisten Arrangements, diese sollten aber von zusätzlichen Blumen und Pflanzen, sogenannten *jushi*, begleitet werden. Die drei Linien repräsentieren die Beziehung zwischen der Menschheit, einer höheren Macht und der Erde, beziehungsweise der Welt der Natur. Sie werden oft in Form eines ungleichseitigen Dreiecks angeordnet, und durch die ungerade Anzahl von Linien soll ein minimalistisches, asymmetrisches Aussehen erreicht werden.

Shin. *Shin* ist die längste Linie des Arrangements, die den Himmel symbolisiert. Der *Shin*-Stiel oder -Zweig sollte der strukturierteste sein und aufrecht stehen können.

Soe. *Soe* ist längenmäßig die mittlere Linie und eine symbolische Repräsentation des Menschen beziehungsweise der Menschheit.

Als Faustregel gilt: Die Länge des *soe* sollte zwei Drittel von der des *shin* betragen.

Tai oder hikae. *Tai* oder *hikae* ist die kürzeste Linie, die für die Erde oder die Welt der Natur steht. Die Länge von *tai* sollte zwei Drittel der Länge von *soe* betragen.

Diese Komponenten – *shin*, *soe* und *tai* – sollten alle entsprechend Ihrer *utsuwa*, Ihrer Vase, in einem Verhältnis von 7:5:3 bemessen sein. Das bedeutet, dass *shin* die längste Linie (7), *soe* die zweitlängste (5) und *tai* die kürzeste (3) und sie auf diese Weise proportional zueinander sein sollten. Die längste Linie muss also etwa fünf Mal so lang sein wie die kürzeste.

Hanakotoba: Die Sprache der Blumen

Blumen und Pflanzen können über die reine Ästhetik eine Bedeutung haben und so ohne Worte eine Emotion oder ein Gefühl vermitteln. *Hanakotoba*, »die Sprache der Blumen«, spiegelt wider, was für unterschiedliche Bedeutungen Farben und Sorten haben können.

Was symbolisieren verschiedene Blumen in Japan?

- Glockenblume – Dankbarkeit
- Kamelie – Warten oder Sehnsucht
- Narzissen – Respekt
- Hortensie – Stolz
- Schwertlilie – gute Neuigkeiten
- Pfingstrose – Tapferkeit

Das Nachdenken darüber, welche Blumensorte Sie als Teil Ihres Arrangements verwenden und was Sie über sich selbst mitteilen möchten – sei es Ihre Stimmung, Ihre Geisteshaltung, größere Veränderungen, die Sie durchleben –, genau darum geht es beim *ikebana*.

Alle weißen Blumen stehen für Tod oder Verlust. Einen komplett weißen Strauß werden Sie vermutlich nur bei Beerdigungen finden.

Ikebana-Stile

Die Befriedigung, die Sie durch die Ausübung von *ikebana* gewinnen können, kommt gleichermaßen von der geistigen Klarheit, die Sie durch den Prozess erlangen, und von der Erschaffung von etwas physisch Schönem und Eindrucksvollem. Echte Profis widmen Jahre ihres Lebens der Perfektionierung dieser Kunst, aber ich finde es genauso wichtig, dass man sich die Zeit nimmt, dabei zu reflektieren und Selbstfürsorge zu üben. Die wenigsten von uns haben die Zeit oder Mittel, sich dem Ziel zu widmen, Meister im *ikebana* zu werden, aber das heißt nicht, dass wir nicht trotzdem in den Genuss einiger Vorteile der Praktik kommen können.

Denjenigen, die *ikebana* so diszipliniert wie möglich ausüben möchten, schlage ich vor, sich *Ikebana International* anzusehen (www.ikebanahq.org) oder die *Sogetsu*-Zweigstelle in Ihrer Nähe aufzusuchen (eine *ikebana*-Schule). Als Tipps für diejenigen, die erst mal reinschnuppern möchten: Versuchen Sie sich grob an einen der folgenden fünf Stile zu halten:

Rikka

Der älteste *ikebana*-Stil, *rikka*, der bis ins fünfzehnte Jahrhundert zurückreicht, hat seinen Ursprung im Buddhismus, und die Arrangements haben einen formalen, aufrechten Stil. Die sieben Hauptlinien sollen die Schönheit einer Naturlandschaft heraufbeschwören, durch verschiedene Zweige, die Gipfel, Wasserfälle, Hügel, Täler, Städte, Schatten und Sonne repräsentieren, teilweise auch aus der Folklore oder Mythologie.

Moribana

Moribana lässt sich als »aufgehäufte Blumen« übersetzen. Sie werden in niedrigen, flachen Behältern angeordnet und nehmen oft eine der folgenden drei Formen an: aufrecht, schräg oder das Wasser reflektierend. Die erste, aufrechte Form ist am weitesten verbreitet, während die zweite, schräge Form weicher wirkt und mehr Bewegung innehat. Die dritte Form des *moribana* verfügt über ein Element der Tiefe, wobei die Zweige und Stängel mit der Spiegelung des Wassers spielen, um die Wirkung zu vervollkommnen.

Für den grundlegendsten Stil arrangieren Sie *shin*, *soe* und *tai* in den folgenden Winkeln: *shin*, der längste, sollte hinten im *kenzan* (Blumenigel) positioniert werden. Wenn Sie sich den Blumenigel als Kreis vorstellen, sollte er sich bei 10° befinden. *Soe* sollte dann etwa bei 40° und *tai* bei 70° hinzugefügt werden. Diese Winkel sollten konsequent eingehalten werden, egal, ob Sie von links oder rechts her arbeiten.

Nageire

Nageire bedeutet »hineingeworfen« und ist einer der wenigen Stile, für die man keinen *kenzan*, sondern nur eine hohe Vase benötigt. Natürlich sollte es mühelos wirken, dabei jedoch einer asymmetrischen Dreiecksstruktur folgen.

Seika oder shoka

Eine vereinfachte Form von *rikka*, aber ein asymmetrischer Stil mit drei Linien, die auf *shin*, *soe* und *tai* basieren. Das Pflanzmaterial muss eineinhalb Mal so hoch sein wie die Vase, und Pflanzen, die Berge symbolisieren, müssen jene immer überragen, die für das Tiefland stehen.

Jiyuka

»Freistil« oder *jiyuka* kann modern und abstrakt sein und auch nicht-pflanzliche Materialien enthalten (sollte aber trotzdem noch die Beziehung zur Natur betonen). Zu diesen nicht-organischen Materialien können Draht oder Netze zählen – gestatten Sie sich auch hier ruhig, zu experimentieren.

Ikebana: Was Sie benötigen

***Kenzan* oder Blumenigel:** ein Hilfsmittel, um die Blumen und Pflanzen in der Vase oder Schale zu befestigen. Es besteht aus einer flachen Grundplatte aus Metall mit Metallnadeln und sieht ein bisschen wie ein umgekehrtes Nadelkissen aus. Man spießt darauf die Blumen auf, sodass sie aufrecht stehen.

Schere: um Enden zu stutzen oder die Pflanzen zu säubern, um ein schlichtes und minimalistisches Aussehen zu erreichen. Kleinere Schneiderscheren sind ideal für feinere Teile des *ikebana*, denn Sie werden mit zarten Materialien arbeiten. Für die robusteren Stängel sollten Sie aber auch eine Gartenschere zur Hand haben.

Schale oder Vase: diese kann variieren, je nachdem, ob Sie sich an eine bestimmte Schule oder einen Stil halten möchten. Versuchen Sie es schlicht zu halten, da die Pflanzen und die Form des Arrangements für sich sprechen sollen. Beim *nageire*-Stil kann man eine hohe, schmale Vase verwenden, während der *moribana*-Stil eine niedrigere, flache Schale erfordert.

Pflanzen und Blumen: Beim *ikebana* geht es nicht nur um die Blüten, sondern auch um die Gesamtheit der Einzelteile. Zweige und Bambus können zu einem minimalistischen Effekt beitragen. Denken Sie sorgfältig über die Blumen nach, die Sie verwenden, und was sie über Sie aussagen. *Ikebana* muss kein teures Hobby oder Zeitvertreib sein. Ich besuche den Blumenmarkt bei mir um die Ecke fast jeden Sonntagmorgen und bin ein Riesenfan davon, getrocknete Blumen zu verwenden – sie halten länger, und Blütenblätter, die konserviert wurden, um ihnen ein verlängertes Leben zu schenken, haben etwas sehr Schönes an sich.

Blumendraht oder Schnur: um Arrangements an Ort und Stelle zu halten (insbesondere, wenn Ihres droht, der Schwerkraft nachzugeben).

Eine Sprühflasche: um Ihre Arrangements feucht und ihr Aussehen frisch zu halten.

Ikebana: Der Prozess

Ikebana ist eine vergängliche Kunst mit einem starken Fokus auf Selbstreflexion und Achtsamkeit als Teil des Prozesses. Es geht darum, durch die Erschaffung des Arrangements mit sich selbst in Kontakt zu treten, man schaut daher nicht bei einem Foto bei Pinterest ab. Sehen Sie sich unbedingt verschiedene Stile an, um sich zu inspirieren, versuchen Sie aber nicht, sie zu replizieren. Denken Sie daran, dass es den Zweck verfehlt, wenn Sie ein Arrangement nachahmen, das von jemand anderem geschaffen wurde.

Als Anleitung sollen Ihnen folgende vier Schritte dienen:

1. Sammeln

Sammeln Sie Ihr Gefäß, Ihre Ausrüstung und die Pflanzen und Blumen, die Sie verwenden wollen, in der Umgebung, in der Ihre Komposition letztendlich stehen wird. Diese Phase ist für *ikebana* das, was *mise en place* für einen Koch ist: Es hilft Ihnen, sich mental und physisch vorzubereiten und zu organisieren. Behalten Sie die Jahreszeiten im Hinterkopf. Das ist wichtig, da zum Charme von *ikebana* das Wechselspiel zwischen Natur und Gesellschaft gehört. Blühende Blumen der Saison funktionieren immer gut, fügen Sie außerdem ein paar grüne und Blattelemente hinzu, aber auch Dinge wie Zweige und Reisig. Eine Anspielung auf die *wabi-sabi*-Philosophie und -ästhetik im weiteren Sinne verleiht dem Ganzen zusätzlich Authentizität. Beachten Sie, dass Blumenstängel schräg angeschnitten werden sollten, um möglichst viel Wasser aufzunehmen.

2. Platzieren

Stellen Sie den *kenzan* auf den Boden des Topfes und füllen Sie diesen mit Wasser. Denken Sie an den von Ihnen gewünschten Stil (die Ausdrucksfreiheit, die man beim *nageire*-Stil hat, gefällt mir sehr, aber denken Sie über die Gestaltung, die Sie erreichen wollen, nach, bevor Sie das Arrangement platzieren). Überlegen Sie, wie gut sich das Arrangement transportieren lässt, wenn Sie es später umräumen müssen.

3. Arrangieren

Fügen Sie die Linien (etwa drei) der Höhe nach hinzu, beginnend mit der längsten (*shin*). In dieser Phase werden Sie über das Stutzen und Beschneiden nachdenken müssen. Vergessen Sie nicht, dass weniger immer mehr ist, und dass Sie zwar immer etwas mehr abschneiden können, es sich aber nicht mehr wieder anfügen lässt, wenn es einmal ab ist. Schlichtheit und Asymmetrie sind zentral, aber berücksichtigen Sie auch Ihre Umgebung. Sehen Sie sich Ihr Arrangement aus verschiedenen Winkeln und Entfernungen an. Lassen Sie sich Zeit – es gibt keinen Grund zur Eile – und spielen Sie mit der Perspektive. Betrachten Sie es aus nächster Nähe oder von weit weg, um zu sehen, wie die verschiedenen Linien des Arrangements miteinander agieren.

4. Abschluss

Seien Sie kreativ und nicht zu vorausplanend. Spielen Sie mit Form und Gestaltung. Der Knackpunkt ist hier, den *kenzan* zu bedecken und dennoch etwas Wasser sichtbar zu lassen. Die Platzierung des Arrangements und wo es ausgestellt werden soll, sollte man im Hinterkopf behalten.

Wenn man *ikebana* einmal ausgeübt hat, versteht man leicht, warum Generäle und andere Strategen es wohltuend finden – es fördert die Kreativität, während es einen vor die Herausforderung seiner Einschränkungen stellt. Ein gutes Arrangement ist komplex und erfordert viel Nachdenken, aber der Schlüssel ist, es nicht so wirken zu lassen, sondern eine elegante Kombination aus Stil und Material zu schaffen.

Tabemono

食べ物

Essen

Keine Liebe ist
aufrichtiger
als die Liebe
zum Essen.

George Bernard Shaw

Wenn meine Familie mich mit einem einzigen Wort beschreiben müsste, wäre das vermutlich *kuishimbo*. Es ist nicht so leicht zu übersetzen, bedeutet aber irgendwas zwischen »Vielfraß« und »Feinschmecker« – jemand, der sich für Geschmack und gutes Essen begeistert und es zutiefst schätzt. Was kaum überrascht, wenn man bedenkt, dass ich aus einem Land komme, wo eine verbreitete Redewendung *hana yori dango* lautet, was »lieber Klöße als Blumen« bedeutet (und sich auf jemanden bezieht, dem Substanz wichtiger ist als Stil).

Ich stelle Leuten ganz gern unrealistische und hypothetische Fragen zum Essen, weil ich glaube, dass die Antworten viel über Charakter und Persönlichkeit eines Menschen verraten können. Zum Beispiel: »Wenn du dir deine letzte Mahlzeit auf dieser Erde aussuchen könntest, was wäre es?« Oder, einer meiner Favoriten: »Wenn du dich für den Rest deines Lebens für eine Küche entscheiden müsstest, welche wäre das?« (Meine Antwort darauf ist immer, die japanische, wegen der großen Vielfalt an Aromen und Konsistenzen.)

Forscher führen die hohe Lebenserwartung der Japaner teilweise auf ihre Ernährung zurück[4], die abwechslungsreich ist und viel Gemüse, pflanzliche Produkte und Fisch enthält. Und glücklicherweise ist sie auch noch absolut köstlich. Es gibt keine Küche, nach der ich stärkere Gelüste habe, ob es nun eine große Schale Ramen-Nudelsuppe ist, Gyoza-Teigtaschen, ein herzhaftes Curry oder ein leckeres, saftiges Stück Sashimi.

Essen auf Japanisch

Es gibt eine Redensart aus Okinawa: »*Hara hachi bu*«, was bedeutet, »Iss, bis du achtzig Prozent satt bist«. Anstatt zu essen, bis der Teller leer ist oder man sich total vollgestopft fühlt, essen Sie, bis Sie angenehm satt sind und warten ein paar Minuten, bis Ihr Körper Ihren Sättigungsgrad verarbeitet hat. Wenn Sie dann immer noch nicht zufrieden sind, machen Sie weiter und essen Sie noch etwas mehr.

Meine Augen sind oft viel größer als mein Magen. Daher hat es mir sehr geholfen, auf meinen Körper zu hören – denn nichts schmälert den Genuss einer Mahlzeit mehr, als sich danach unangenehm voll zu fühlen.

Auf Ihren Körper zu hören und zu essen, bis Sie zu zwei Dritteln satt sind, klingt gar nicht so schwer (es sei denn, Sie sind, wie ich, mit Großeltern aufgewachsen, die immer noch die europäische Nachkriegsmentalität hatten, nichts verkommen zu lassen und darauf bestanden, dass Sie Ihren Teller komplett leeressen). Um sich diese Methode leichter anzugewöhnen, gibt es in Japan (und vielen anderen asiatischen Ländern) statt einzeln zugeteilten Portionen Essen im »Family-Style«: verschiedene Gerichte, die man sich selbst nimmt. Man hat auch viele kleine Schalen und Teller – für Suppe, Reis, einen separaten für Salat und einen kleinen flachen zum Dippen.

Das führt zu einem intimeren, gemeinschaftlicheren Esserlebnis, aber ich empfinde es auch immer als zusätzlichen Vorteil, dass ich mir selbst genau die Portion nehmen kann, die ich essen möchte.

Essstäbchen-Regeln

Essstäbchen sind äußerst vielseitige Instrumente. Wenn man den Dreh erst mal raushat, kommt es einem umständlich vor, irgendetwas anderes zu benutzen. Der Trick, wie man Experte wird, ist, einfach das obere Stäbchen zu bewegen, das man wie einen Stift hält. Es ist okay, die Schale in Richtung Mund zu führen, vor allem, wenn es sich um eine kleinere Reisschale handelt.

Für Essstäbchen-Neulinge sind hier meine heißesten Tipps, falls Sie eine Reise ins Land der aufgehenden Sonne planen:

Um sich etwas zu nehmen, Stäbchen umdrehen. Wenn Sie im Family-Style essen und kein Vorlegebesteck entdecken können: keine Panik. Das ist ziemlich weit verbreitet. Drehen Sie Ihre Stäbchen einfach zu dem Ende, das Sie nicht in den Mund stecken (normalerweise das dickere), um sich Essen auf den Teller zu tun. So hat man auch weniger abzuwaschen.

Kein Aufspießen. Spießen Sie Ihr Essen nicht mit den Stäbchen auf und achten Sie darauf, dass Sie sie nicht aufrecht im Essen stehen lassen, das symbolisiert den Tod. Legen Sie sie neben der Schale ab (oder schaffen Sie sich hübsche Essstäbchen-Bänke aus Keramik an).

Essstäbchen sollten sich nie berühren. Sie essen etwas Köstliches, das Ihr Tischnachbar unbedingt probieren muss? Geben Sie den Bissen nicht einfach von Ihren Stäbchen an seine weiter. Bei japanischen Beerdigungen werden Knochenfragmente von Stäbchen zu Stäbchen weitergegeben, deshalb würde man das niemals am Esstisch machen. Legen Sie ihm den Happen stattdessen (natürlich mit seiner Erlaubnis) auf den Teller oder, falls Sie eine enge Beziehung haben, direkt in den Mund.

Woanders hinzeigen. Zeigen Sie mit Ihren Stäbchen nicht direkt auf jemanden oder etwas (es sind keine Dartpfeile). Wenn Sie dazu tendieren, wild zu gestikulieren, legen Sie die Stäbchen mit den dünneren Enden nach links auf Ihren Teller.

Bento

Ich bin ein großer Fan der bescheidenen Bentobox, die so gut aussieht, wie ihr Inhalt schmeckt, und sich bis in die späte Kamakura-Epoche zwischen dem späten elften und frühen dreizehnten Jahrhundert, zurückverfolgen lässt. Ein Bento ist im Prinzip eine Einzelportion zum Mitnehmen, die in einer Box serviert wird und alle Elemente einer ausgewogenen Mahlzeit enthält. Zwar kann man sie auch einfach fertig kaufen, aber sie sind ein Kulturgut, und viele verbringen Stunden damit, sie für ihre Liebsten anzufertigen und zu perfektionieren.

Die Bentobox war ein zentrales Element meiner Kindheit in Japan und für meine Mutter vermutlich der Fluch ihres Lebens, wenn man bedenkt, wie viel Zeit es in Anspruch nimmt, sie zuzubereiten. Sie sind auch deswegen toll, weil sie langfristig helfen, Geld zu sparen. Außerdem bewirkten sie, dass ich mich immer auf mein Schulmittagessen gefreut habe.

Eine Bentobox zusammenstellen

Es gibt eine Redensart, die perfekt auf Bento passt: »*Nokorimono ni wa fuku ga aru*« – »Das Glück liegt in den Resten!«

Das Zubehör

Bentoboxen funktionieren so gut, weil sie unterschiedliche Aromen und Beschaffenheiten auseinanderhalten, damit man am Ende nicht einen einzigen Mischmasch hat. Sie können Bentoboxen kaufen oder auch einfach eine normale Frischhaltedose zweckentfremden, indem Sie ein paar Backförmchen oder Trennwände hineinsetzen. Auch Saucenbehälter eignen sich wunderbar, um Dressings aufzubewahren (und um den gefürchteten matschigen Salat zu vermeiden), und ein paar farbige Zahnstocher, um verschiedene Komponenten zusammenzuhalten und das Ganze ästhetisch ansprechender aussehen zu lassen. Es gibt hübsch lackierte Boxen, aber die sind nicht so praktisch wie ihre Pendants aus Plastik, von denen einige so benutzerfreundlich gestaltet sind, dass man meinen könnte, es sei ein ganzes Team von Ingenieuren dafür angeheuert worden.

Halten Sie es farbenfroh

Ich mache gern Fotos von meinem Essen, sehr zum Leidwesen meiner Freunde, und ich bin ein Riesenfan von einem schön angerichteten Teller. Wenn Sie eine Bentobox bestücken, überlegen Sie, welche unterschiedlichen Farben Sie einbringen können, damit es so gut aussieht, wie es schmeckt. Denken Sie über rote statt grüne Salatblätter nach, legen Sie ein paar Radieschen und verschiedenes Obst und Gemüse dazu, um das Ganze etwas aufzupeppen.

Das Verhältnis

Bentoboxen bestehen typischerweise aus:

- Vier Teilen Kohlenhydraten (üblicherweise Reis oder Nudeln, aber Sie können auch Quinoa oder Kartoffelsalat nehmen, was immer Sie im Kühlschrank haben).
- Zwei Teilen Gemüse (so etwas wie Spinat mit Sesamdressing, grüne Bohnen oder Bohnensprossen. Wenn Sie es knackig mögen, können Sie das Dressing in einen Extrabehälter packen, um das gefürchtete Salat-welken zu vermeiden).

- Einem Teil Eiweiß (das kann Hühnchen, Fisch, Wurst oder ein Gericht auf Tofu-Basis sein. Auch hier gilt: durchforsten Sie den Kühlschrank nach Resten und seien Sie kreativ).
- Einem Teil Obst (Orangen funktionieren gut, ebenso Weintrauben, Blaubeeren und Erdbeeren. Äpfel lasse ich lieber im Ganzen anstatt sie in Scheiben zu schneiden und mit Zitrone zu beträufeln, aber dann sind sie natürlich in einer kleinen Bentobox schwieriger unterzubringen).

Halten Sie all die oben genannten Bestandteile sorgfältig voneinander getrennt (wie gesagt: Niemand mag durchweichtes frittiertes *karaage*-Hühnchen oder Kiwi mit Knoblauch).

Futter für die Seele auf Japanisch

Wenn mit Stäbchen essen nicht Ihr Ding ist, ist etwas, das man unterwegs aus der Hand essen kann, wie *onigiri*, vielleicht eine gute Alternative. Es hat etwas sehr Befriedigendes und Tröstendes, den warmen Reis mit der Hand zu formen – aber wenn Sie zu faul dazu sind, können Sie auch Formen kaufen.

Onigiri-Reisbälle

So sehr ich ausgedehnte Mittagspausen schätze, kommt einem leider manchmal das wahre Leben dazwischen. Ich bin ein Riesenfan von *onigiri* als schneller Mittagssnack – dreieckige, in *nori* (geröstete Meeresalgen) eingewickelte Reisbälle, die man zum Beispiel mit Salzpflaumen oder gegartem Lachs füllt.

1 Portion
- 70 g Rundkornreis
- 1 Prise Salz
- Füllung nach Belieben (herzhaft – z. B. *umeboshi*-Pflaumen, gegarter Lachs, Thunfischmayonnaise)
- ¼ Blatt *nori*-Algen

1. Reis in Salzwasser kochen und abkühlen lassen, bis man ihn gut mit den Händen bearbeiten kann.
2. Mit den Händen zu einem Dreieck formen und mit dem Daumen eine leichte Vertiefung in die Mitte drücken.
3. Mit dem Löffel etwas von der gewünschten Füllung in die Mitte geben und den *onigiri* neu formen, sodass die Füllung vollständig mit Reis bedeckt wird.
4. Den *onigiri*-Reisball in *nori* einwickeln und es sich schmecken lassen!

Yaki onigiri (gegrillte Reisbälle)

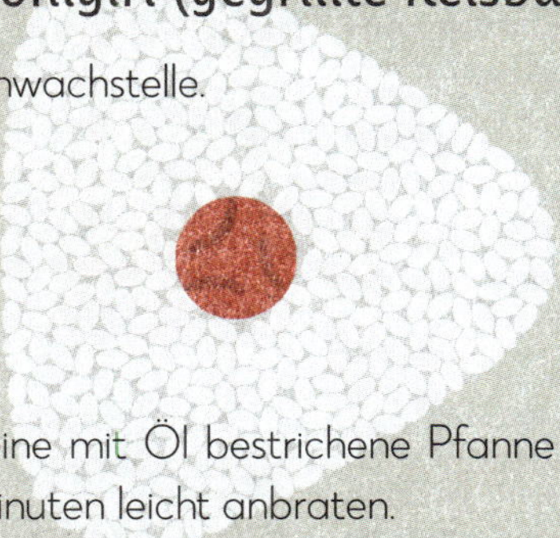

Die sind meine Schwachstelle.

1 Portion
- 1 *onigiri*
- 1 EL Sojasoße

1. Den *onigiri* in eine mit Öl bestrichene Pfanne geben und von jeder Seite 5 Minuten leicht anbraten.
2. Mit einem Backpinsel von allen Seiten mit etwas Sojasoße bestreichen und noch ein paar Minuten von allen Seiten braten.

Weißes Miso
Rotes Miso
Natto

Fermentierte Lebensmittel

Die traditionelle japanische Küche ist reich an fermentierten Lebensmitteln. Die Probiotika, die man mit diesen zu sich nimmt, sind außerdem toll für die Verdauung. Ich bin total verrückt nach *tsukemono* (eingelegtes Gemüse) und *umeboshi* (Salzpflaumen), aber meine Top Five sind unschlagbar:

1. Natto

Natto ist das japanische Äquivalent von Marmite, das heißt, entweder man liebt es oder man hasst es. Diese fermentierten Sojabohnen haben einen ziemlich starken Geruch, ähnlich einem kräftigen Käse, und werden typischerweise morgens mit Reis, Sojasoße und *karashi* (japanischem Senf) gegessen. Die kleinen, dicht gedrängten Sojabohnen nehmen eine klebrige Konsistenz an, wenn sie gerührt oder durch das Hinzufügen von Flüssigkeit (in diesem Fall Sojasoße und japanischer Senf) aktiviert werden.

Meine Liebe zu *natto* rührt eindeutig daher, dass ich damit aufgewachsen bin, und greift wieder das Gefühl von *natsukashii* oder der nostalgischen Vorliebe auf, die ich dafür verspüre. Ich kenne wenige Menschen, die es als Erwachsene zum ersten Mal probiert haben und mögen. Es ist definitiv ein gewöhnungsbedürftiger Geschmack.

2. Miso

Miso liebe ich so sehr, dass ich meine Katze danach benannt habe. Aus dieser fermentierten Sojabohnenpaste wird meine Lieblingssuppe gemacht, sie funktioniert aber auch toll in Eintöpfen, außerdem in Dressings und Glasuren. Leckere Rezepte mit Miso finden Sie auf den Seiten 159 und 160.

3. Tofu

In Tofu, auch bekannt als Bohnenquark, stecken eine Menge Proteine und Eisen, und wenn er richtig zubereitet wird, ist er eine meiner Lieblingsspeisen. Tofu wird hergestellt, indem man gerinnende Sojamilch zu Blöcken presst. Durch seinen sehr unterschwelligen und milden Geschmack nimmt er jedes Aroma an, mit dem er serviert wird.

Ich liebe Tofu in Misosuppe, aber *agedashi*-Tofu (frittierter Tofu mit einer *tsuyu*-Soße aus *dashi*, Mirin (Reiswein) und Sojasoße) ist richtig köstlich. Das Rezept finden Sie auf Seite 156.

4. Sojasoße

Eine weitere meiner liebsten hypothetischen Fragen zum Essen ist: »Wenn du für den Rest deines Lebens mit nur einem Würzmittel auskommen müsstest, welches wäre das?« Bei mir wäre das immer Sojasoße. Ich verwende sie für alles: Chili, Bolognese, Brathähnchen … Meiner Meinung nach ist das die vielseitigste Soße auf der ganzen Welt – salzige Perfektion in der Flasche!

Es gibt zahlreiche verschiedene Arten von Sojasoßen. Hier ein kleiner Leitfaden:

Dunkle Sojasoße – koikuchi. Die beliebteste Variante der Sojasoße, *koikuchi* (was »dunkler Mund« bedeutet) wird aus zu gleichen Teilen aus Sojabohnen und Weizen hergestellt. Das ist die Sorte, die Sie vermutlich in Ihrem Supermarkt um die Ecke finden.

Leichte Sojasoße – usukuchi. Salziger als *koikuchi*, ist *usukuchi* (»leichter Mund«) eine leichtere Variante und nicht so stark fermentiert. Sie stammt ursprünglich aus der Region Kansai in Japan.

Weizenfreie Sojasoße – tamari. *Tamari* wird ohne Weizen hergestellt, wenn Sie also jemals glutenfreie Sojasoße gekauft haben, war das mit Sicherheit *tamari*. Sie ist konzentrierter als *koikuchi*, hat aber einen ganz ähnlichen Geschmack.

Weiße Sojasoße – shiro shoyu. Im Gegensatz zu *tamari* wird *shiro shoyu* hauptsächlich aus Weizen und nur ganz wenig Sojabohnen hergestellt. Weil die Farbe so blass ist, wird sie für helle Suppen und Brühen sowie Gerichte wie herzhafte Eiercreme (*chawanmushi*) verwendet.

Sojasoße mit wenig Salz – genen shoyu. Diese ist geeignet für diejenigen, die ihren Salzkonsum einschränken wollen, und wird in einem ähnlichen Verfahren hergestellt wie *koikuchi*, wobei die Salzmenge reduziert wird.

Sojasoße aus ganzen Bohnen – marudaizu shoyu. Diese wird als Premium-Variante angesehen, weil dafür ganze Sojabohnen verwendet werden und dadurch ein komplexerer Geschmack entsteht. Sie wird üblicherweise mit Sushi serviert.

5. Katsuobushi

Katsuobushi, auch bekannt als Bonitoflocken, sind getrocknete, fermentierte und geräucherte Thunfischflocken. Sie werden oft als ein Hauptbestandteil von *dashi* verwendet, dem Fischfond, der die Basis der meisten japanischen Gerichte bildet. Wenn Sie *katsuobushi*-Flocken für einen Fond verwenden, denken Sie daran, sie danach aufzuheben. Sie können sie mit etwas Sesamöl in eine Pfanne geben, etwas Sesamsamen und Meeresalgen hinzufügen, um die Flocken leicht zu rösten und wieder zu trocknen. Sie halten sich ein paar Monate im Kühlschrank und funktionieren perfekt als *furikake*, Gewürzmischungen für Reis. Streuen Sie sie einfach über eine Schale ungewürzten, gedämpften Reis, um ihm etwas Geschmack zu geben, oder rühren Sie sie gut in den Reis für Ihre *onigiri*-Reisbälle ein. Lecker!

Agedashi-Tofu

Dieser wird heiß serviert, und das knusprige Äußere im Kontrast zu dem weichen Inneren ist einfach köstlich – eine ähnliche Erfahrung, wie Mozzarella-Sticks zu essen. Und der Umami-Geschmack von *dashi* ist das Sahnehäubchen.

2 Portionen

- 300 g fester Tofu
- Salz
- 120 ml *dashi*-Fond
- 2 TL Sojasoße
- 1 TL Mirin
- 1 TL Zucker
- 50 g Kartoffelstärke
- pflanzliches Öl zum Frittieren
- Frühlingszwiebeln zum Garnieren

1. Tofu in gleiche Stücke von ca. 2-3 cm schneiden. Die Stücke auf einen Rost legen und großzügig salzen – das Salz hilft, dem Tofu das Wasser zu entziehen, wodurch er leichter zu frittieren ist, ohne die Form zu verlieren. Für 10 Minuten beiseite stellen.

2. In der Zwischenzeit die *tsuyu*-Soße vorbereiten. Dazu *dashi*-Fond, Sojasoße, Mirin und Zucker zusammen in einen Topf geben und auf hoher Stufe zum Kochen bringen. Sobald es sprudelnd kocht, Hitze reduzieren und köcheln lassen.
3. Mit Küchenpapier vorsichtig das überschüssige Salz von den Tofustücken tupfen und sie dann gleichmäßig mit Kartoffelstärke bedecken.
4. Eine großzügige Menge Öl in einem Topf erhitzen – die Stücke sollen gleichmäßig durchgaren.
5. Tofustücke frittieren. Darauf achten, dass sie nicht zu braun werden.
6. Tofu mit etwas *tsuyu*-Soße in einer kleinen Schale anrichten und mit schräg geschnittenen Frühlingszwiebelröllchen bestreuen.

味処
Welcome to the Best
Yakitori Restrant
we have an English menu
ベーコン
トマト
¥300
肉詰め
各種 ¥400

Kohlenfisch mit Miso

Die Leute sind immer überrascht, wie einfach es tatsächlich ist, Kohlenfisch mit Miso-Marinade zu machen – es erfordert zwar etwas Planung und Vorbereitung, ist aber das perfekte Gericht für eine Dinnerparty. Wenn Sie keinen Kohlenfisch bekommen, können Sie jeden beliebigen fetthaltigen Fisch verwenden, zum Beispiel Lachs.

1 Portion

- 120 g Kohlenfischfilet
- Salz
- 100 g weiße Miso-Paste (*shiro miso*)
- 25 g Zucker
- 2 TL Mirin
- 2 TL Sake

1. Den Kohlenfisch salzen, um ihm überschüssiges Wasser zu entziehen, und ein paar Stunden stehenlassen. Überschüssiges Salz mit einem Küchentuch abtupfen.
2. Miso, Zucker, Mirin und Sake in einem Topf auf niedriger Stufe erhitzen, bis sich der Zucker vollständig aufgelöst hat.
3. Die Marinade auf ein Backblech mit hohem Rand geben, Filets hineinlegen und von allen Seiten mit der Marinade bedecken. Fischfilets 24 bis 48 Stunden in der Marinade liegen lassen, damit sie Farbe (einen hellbraunen Ton) und Geschmack annehmen.
4. Ofen auf 220°C vorheizen. Mit den Fingern überschüssige Marinade vom Fisch streichen. Wenn Sie zu viel davon darauf lassen, riskieren Sie, dass er anbrennt und sich eine Kruste bildet. Das wäre ärgerlich, da er nicht billig ist!

5. Den Fisch mit der Hautseite nach oben etwa 10 Minuten backen oder bis er leicht gebräunt und karamellisiert ist. Mit gedämpftem Reis und Salat servieren.

Miso-Aubergine

Miso ist eine wunderbare Protein- und Vitamin-B-Quelle und kann erwiesenermaßen helfen, den Cholesterinspiegel zu senken und die Verdauung zu fördern. Eine meiner Lieblingsbeilagen, Miso-Aubergine (*nasu dengaku*) funktioniert toll zu gedünstetem Fisch oder als eigenständiges Gericht mit einer Schale einfachem Reis.

4 Portionen

- 2 Auberginen
- Salz
- Pflanzenöl zum Bestreichen
- 100 g Miso-Paste
- 2 TL Zucker
- 4 EL Mirin
- Sesamsamen zum Garnieren

1. Ofen auf 200°C vorheizen.
2. Auberginen halbieren und für 10 Minuten in eine Schüssel mit Salzwasser legen. Ich finde, dadurch werden sie weniger bitter.
3. Wasser wegschütten, Auberginen kreuzweise einritzen und von beiden Seiten großzügig mit Öl bestreichen.

4. Auberginen auf ein mit Alufolie ausgelegtes Backblech legen und 10 Minuten mit der eingeritzten Seite nach oben braten. Dann umdrehen und weitere 5 Minuten mit der Unterseite nach oben braten.
5. Währenddessen die übrigen Zutaten für die Glasur in einem Topf mischen und zum Köcheln bringen. Leicht einkochen lassen, und wenn nötig, Wasser hinzufügen, damit sie nicht zu sehr einkocht und anbrennt. Sie sollte die Farbe und Konsistenz eines buttrigen Karamells haben.
6. Wenn die Auberginen gar sind, aus dem Ofen nehmen und mit der Glasur bedecken. Ein paar Minuten mit Oberhitze grillen und mit Sesamsamen bestreut servieren.

Sushi

Ich habe mehrere Freunde, die bei unserer ersten Begegnung behaupteten, kein Fan von Sushi zu sein. Aber mit der Zeit habe ich es geschafft, die meisten davon zu bekehren, und sie sind zu überzeugten Konvertiten geworden. Sushi ist ein bisschen, als wenn man ein bekanntes Kunstwerk zum ersten Mal sieht – man versteht nicht so richtig, was so toll daran und was der Sinn dahinter ist, bevor man es richtig aus erster Hand kennengelernt hat. Der Schlüssel ist, ein gutes Lokal zu finden – Hamburger sind auch nicht alle gleich gut gemacht, und dasselbe gilt für Sushi. Die Qualität ist entscheidend.

Alle Skeptiker da draußen sollen mal versuchen, sich meinen Lieblingsfilm – *Jiro und das beste Sushi der Welt* – anzusehen, ohne hinterher den Bildschirm ablecken zu wollen. Er ist ein visuelles Meisterwerk, und es wird Ihnen danach in den Fingern jucken, es selbst auszuprobieren!

Sushi zubereiten

Sushi zuzubereiten fühlt sich für mich eigentlich nicht wie Kochen an – es hat eher was von Kunsthandwerk. Es erfordert etwas »Montagearbeit«, ist aber wesentlich einfacher, als Sie vielleicht denken. Die Aromen sind unkompliziert, aber die richtigen Zutaten sind entscheidend. Zum Beispiel muss der Reis rundkörnig sein (langkörniger oder Basmatireis fällt einfach auseinander, weil er nicht klebrig genug ist). Und was den Fisch angeht: falls Sie keine Möglichkeit haben, an Fisch in erstklassiger oder Sushi-Qualität zu kommen, würde ich mich für eine vegetarische Version entscheiden – das ist eine schönere Erfahrung, als es mit einem minderwertigen Fisch zu probieren, der vielleicht nicht so frisch ist.

4 Portionen

- 150 g Rundkorn-Sushi-Reis
- 4 Blätter *nori*-Meeresalgen, leicht geröstet

Für den Reis

- 1 Päckchen Sushi no ko (Sushi-Essig-Gewürz in Pulverform) oder 3 EL Reisessig
- 3 EL Zucker
- 2 TL Speisesalz

Für die Füllungen

- Jeweils etwa 220 g der folgenden Zutaten:
- erstklassiges Lachs-Sashimi
- erstklassiges Thunfisch-Sashimi
- ½ Gurke, geschält und in Stifte geschnitten
- 100 g Krebs-Sticks
- ½ Avocado, in Streifen geschnitten

Nach Belieben

- Sojasoße
- Wasabi
- eingelegter Ingwer

Ausrüstung

- Backblech aus Metall
- Sushi-Matte aus Bambus
- Schale mit Wasser
- Frischhaltefolie
- scharfes Messer

1. Sushi-Reis nach Ihrer bevorzugten Methode kochen – in Japan gehört in den meisten Haushalten ein elektrischer Reiskocher zur Grundausstattung (so sehr, dass es das Erste war, was mein Vater mir kaufte, als ich zum Studieren wegging). Wenn Sie keinen Reiskocher haben, können Sie ihn auch auf dem Herd zubereiten – lassen Sie den Deckel auf dem Topf, wenn das Wasser kocht, dann wird der Reis leicht und locker.
2. Alle Zutaten für die Reis-Würzmischung in einer Schüssel mischen (wenn Sie Reisessig benutzen, achten Sie darauf, dass

sich alles aufgelöst hat). Reis auf dem Backblech verteilen und Würzmischung hineinrühren. Leicht abkühlen lassen, bis sich der Reis gut mit den Händen verarbeiten lässt (Körpertemperatur).

3. Lassen Sie genug Platz zum Hantieren. Legen Sie die Bambus-Sushi-Matte flach vor sich und darauf ein geröstetes Blatt *nori*-Meeresalgen. Stellen Sie die Schale mit Wasser neben sich – die werden Sie brauchen, um sich zwischendurch die Hände zu befeuchten, damit der Reis nicht an ihnen kleben bleibt statt an der Unterlage.
4. Sehen Sie sich das Meeresalgen-Blatt an und teilen Sie es im Geiste in vier Viertel oder Bahnen. Bedecken Sie drei Viertel des Blattes mit einer dünnen, gleichmäßigen Schicht Reis, wobei Sie das Viertel, das Ihnen am nächsten ist, freilassen.
5. Lassen Sie einen Rand von etwa einem Zentimeter und belegen Sie das Viertel, das Ihnen am nächsten ist, mit Ihrer gewünschten Füllung, wobei Sie sich horizontal über die Matte arbeiten. Es ist immer verlockend, jede Menge Füllung reinzupacken, aber Sie wollen ja, dass es ordentlich aussieht und nicht zu viel herausquillt, also halten Sie sich etwas zurück.
6. Den Rand der Matte hochheben und langsam einrollen und dabei leicht zusammendrücken – gerade so stark, dass die Rolle komprimiert wird, ohne sie zu zerquetschen oder zu viel Druck auszuüben. Die Matte weiter vorwärts rollen, bis Sie deren Ende erreichen – die Rolle sollte sich zusammengedrückt haben.
7. Mit einem scharfen, leicht angefeuchteten Messer die Enden abschneiden, damit sie ordentlich und gleichmäßig aussehen. Wenn Sie die Maki-Rolle nicht sofort servieren, wickeln Sie sie in Frischhaltefolie ein. Servieren Sie Sojasoße, Wasabi und eingelegten Ingwer dazu, falls gewünscht.

Sushi essen

- Normalerweise isst man Sushi mit den Händen, also achten Sie darauf, dass sie sauber sind. Meistens bekommt man zu diesem Zweck ein heißes Handtuch.
- Wenn möglich versuchen Sie, sich zu Sushi-Koch oder -Köchin an den Tresen zu setzen, um Empfehlungen zu erhalten.
- Geben Sie etwas Sojasoße in eine Dippschale. Dippen Sie jedoch nicht den Reis ein, sondern drehen Sie das Sushi um und benetzen Sie den Fisch mit der Soße – so fällt es nicht auseinander.
- Wasabi oder nicht Wasabi ... Interessanterweise wurde Wasabi ursprünglich zu Sushi-Gerichten serviert, als noch nicht jeder über eine Kühlung verfügte, um sämtliche Bakterien abzutöten, die sich im Fisch befinden mochten. Inzwischen ist Wasabi aber zu einem Hauptbestandteil dieser Küche geworden. In einem traditionellen Restaurant wird der Koch das Sushi bereits gewürzt haben, je nach Fischsorte. Aber, wie heißt es so schön, jedem Tierchen sein Pläsierchen, und manche mögen die extra-Schärfe mehr als andere. Sie können versuchen, Ihrer Sojasoße etwas Wasabi beizumischen, um dem Sushi Aroma und etwas Tiefe und Komplexität zu verleihen, ohne dass es überhandnimmt.
- Neutralisieren Sie zwischen zwei Rollen, vor allem zwischen unterschiedlichen Fischsorten, den Gaumen mit etwas Ingwer.

Die Hauptrolle

Es gibt viele verschiedene Wege, um Sushi zuzubereiten, und es ist immer ganz nützlich, wenn man die verschiedenen Arten nicht verwechselt. »Sushi« bezeichnet rohen Fisch, der Reis als Grundlage hat, während »Sashimi« ohne Reis ist.

Maki: *Nori*-Meeresalgen umhüllen den mit Essig angemachten Reis mit einer Füllung in der Mitte.

Uramaki: Bei den nicht streng traditionellen *uramaki* oder Inside-out-Rollen befindet sich der Reis außen und umgibt die *nori*-Meeresalgen und die Füllung. California Rolls (Avocado und Krebs) werden für gewöhnlich nach dieser Art serviert, üblicherweise von außen mit Sesamsamen bestreut.

Nigiri: Handgepresstes Sushi, bei dem auf eine zylindrisch geformte Reisrolle ein Belag (oder *neta*) gelegt wird, als würde man ihn mit einer Decke zudecken.

Temaki: Eine handgeformte Rolle, die an eine Eistüte erinnert und bei der der Reis und die Füllung mit einem Blatt *nori*-Meeresalgen umhüllt werden. Keine Ahnung, warum, aber Lachs-*temaki* esse ich am liebsten. Ich denke, es hängt mit der Weichheit des Lachsfleisches zusammen, die in dieser Zubereitungsform so gut gelingt.

Chirashi: *Chirashizushi*, oder Streu-Sushi, wird in einer Schale serviert und mit rohem Fisch und Gemüse garniert. Es war bei meiner Mama der ultimative Proviant für Schulpicknicks, weil es schnell und einfach zuzubereiten ist und üblicherweise im März zu *hinamatsuri*, dem Mädchenfest, gegessen wird.

Ramen

Jedes Mal, wenn meine Schwester und ich in Japan sind, insbesondere im Sommer, bestehen wir darauf, in unsere Lieblings-Ramen-Bar zu gehen, ein winziges, etwas schäbiges Lokal in einer verschlafenen Gegend, wo meine Tante und ihre Kinder früher gewohnt haben. Selbst wenn ein paar Jahre vergangen sind, erinnert man sich dort immer noch an uns, und unsere Ramen-Wallfahrt ist bei Familienbesuchen zu einem festen Programmpunkt geworden. Es gibt nichts Befriedigenderes als jene Kombination aus einer salzigen Brühe, zartem Schweinefleisch und knackigen Bambussprossen – mir läuft schon das Wasser im Mund zusammen, wenn ich nur daran denke.

Ramen essen wie ein Einheimischer

Ein paar Ratschläge, wenn Sie Ramen essen:

- Ramen ist ein salziges Gericht. Versuchen Sie also gar nicht erst, die ganze Brühe auszulöffeln – Sie wären danach ziemlich durstig!
- Lassen Sie alle hören, wie gut es schmeckt. Hörbares Schlürfen ist positiv. Übertreiben Sie es jedoch nicht, denn Ihre Wertschätzung und Ihr Genuss sollten echt und nicht aufgesetzt wirken.
- Ramen ist ein Gericht, das man eher schnell und auf dem Sprung isst. Es eignet sich nicht, um es langsam zu genießen, da die Nudeln aufquellen und zerfleddern. Also Beeilung!

ーメン
ラーメン

Ramen zu Hause

Ramen ist das ultimative Seelenfutter für zu Hause. Über eine dampfende Schale mit der köstlichen, umami-lastigen Brühe gebeugt zu sitzen, gibt mir ein wahnsinnig heimeliges Gefühl, vor allem im Winter.

Instant-Ramen aufhübschen

Instant-Nudeln rufen bei manchen vielleicht Bilder von faulen, pickeligen Teenagern hervor, die Lust auf einen Nachmittagssnack haben. Aber in Japan sind Päckchen mit Instant-Ramen ziemlich normal. Es widmet sich sogar ein ganzes Museum dieser bescheidenen Tütensuppe. Also, ob Sie es nun lieben oder hassen, es gehört zum Grundstock der japanischen Küche – so sehr, dass ein mit einem Michelin-Stern ausgezeichnetes Ramen-Restaurant seine eigene Sorte auf den Markt gebracht hat, die man überall in Japan im Supermarkt kaufen kann. Die Kritiker haben wahre Lobeshymnen auf *Nakiryu Dan Dan Noodles* gesungen.

Bloß, weil etwas ‚Instant' heißt, muss es nicht billig schmecken. Wenn Sie Päckchen mit Instantsuppe clever einsetzen, können Sie ohne Schuldgefühle oder Scham ein köstliches Mahl daraus zaubern. Hier sind meine besten Tipps, um ein Päckchen Instant-Nudeln salonfähig zu machen.

1. **Verwenden Sie frisches Gemüse.** »Seht ihr, es ist gesund!«, werden Sie sagen können. Wenn Ihre Familie oder Gäste hinzugefügte Spinatblätter, Zuckerschoten, Bambussprossen, Sojasprossen und Frühlingszwiebelringe sehen, können sie kaum etwas dagegen sagen.

2. **Packen Sie Eiweiß rein.** Sie haben noch die Brust von dem Hähnchen am Sonntag? Rein damit. Übriggebliebener Schinken? Zerrupfen und streuen Sie ihn darüber. Durch zusätzliche Proteine wirkt das Ganze wie eine ordentliche Mahlzeit (und schmeckt auch so!) statt der reinen Kohlenhydrat-Orgie, die es ansonsten vielleicht wäre.

3. **Tun Sie ein paar Eier hinein.** Ich liebe es, ein Ei in der Brühe zu pochieren, während ich sie erhitze, um die Nudeln weichzukochen – es hat etwas so Dekadentes und Befriedigendes, das pochierte Ei anzustechen und das Eigelb in die Brühe laufen zu lassen, während man reinhaut. Wenn Sie es nicht so mit dem Pochieren von Eiern haben, tut es natürlich auch ein gekochtes. Ein weichgekochtes Ei ist sehr zu empfehlen – wenn Sie es auf Ihre bevorzugte Weise gekocht haben, schrecken Sie das Ei ab, entfernen die Schale und schneiden Sie es längs auf, damit die schöne Farbe des Dotters im Kontrast zu der braunen Brühe und dem bunten Gemüse zu sehen ist.

4. **Gut würzen.** Ich habe es gern ein bisschen scharf, daher füge ich gern ordentlich frisch gemahlenen Pfeffer und etwas Shichimi hinzu, eine japanische Gewürzmischung aus sieben Zutaten. Außerdem gebe ich gern einen Spritzer meiner Lieblings-Sojasoße oder sogar einen Teelöffel Miso hinzu. Stellen Sie Ihre eigenen Ramen zusammen, ganz so, wie sie Ihnen am besten schmecken!

Ramen von Grund auf selbst machen

Manche halten Ramen vielleicht für Fastfood, aber wenn man sie von Hand macht, sind sie sicherlich alles andere als das. Für eine leckere Schale Ramen braucht man Zeit und viel Sorgsamkeit. Zuzusehen, wie die einzelnen Komponenten zusammenfinden, hat etwas unglaublich Befriedigendes – und sie selbst zu machen, bedeutet, dass Sie Ihre Nudeln genauso bekommen, wie Sie sie mögen.

Die Nudeln

Ramen-Nudeln macht man nicht alle Tage selbst. Es ist ähnlich wie bei Pasta, die meisten denken: warum selbst machen, wenn man sie im Geschäft kaufen kann? Frische Ramen-Nudeln (d. h. nicht die getrocknete Instant-Version) kann man fertig im Supermarkt kaufen, deshalb habe ich selbst erst vor etwa einem Jahr damit angefangen, sie selbst zu machen. Sie werden ganz ähnlich hergestellt wie frische Pasta – und genauso wie bei Pasta schwören diejenigen, die sie selbst machen, darauf.

Sie brauchen eine Nudelmaschine auf der Einstellung für Spaghetti. Und außerdem ein starkes Nudelmehl – die »00«-Variante, die einen hohen Eiweißgehalt hat und fein gemahlen ist. Das Mehl ist hier extrem wichtig. Ersetzen Sie es nicht durch gewöhnliches

Haushaltsmehl – diesen Kompromiss wollen Sie nicht eingehen, schließlich nehmen Sie einige Mühe auf sich.

4 Portionen

- 6 g Natron
- 4 g Salz
- 90 ml heißes Wasser
- 110 ml Wasser mit Raumtemperatur
- 400 g »00«-Nudelmehl
- 30 g Speisestärke

1. Natron und Salz in einem Kännchen mit dem heißen Wasser vermischen und rühren, bis es sich vollständig aufgelöst hat, bevor Sie das Wasser mit Raumtemperatur dazugeben.
2. Mehl in eine große Schüssel sieben und anschließend die Flüssigkeit aus dem Kännchen hinzufügen. Mit einem Spatel vermischen, bis sich Flocken bilden – fügen Sie etwas mehr Mehl hinzu, wenn es zu wässrig scheint, und mehr Flüssigkeit, wenn es zu trocken ist.
3. Arbeitsfläche leicht mit etwas Speisestärke bestreuen, bevor Sie sich wieder Ihrer Schüssel zuwenden. Teig verkneten und aus der Schüssel nehmen, um ihn auf der bestreuten Fläche zu bearbeiten. Kneten Sie ihn, bis der Teig nicht mehr klebt und sich leicht zusammenzieht.
4. Den Teig zu einer Kugel formen und in Frischhaltefolie einwickeln. Für etwa eine halbe Stunde in den Kühlschrank legen.
5. Teig aus dem Kühlschrank nehmen und erneut kneten, bis er weich, seidig und elastisch ist. Zu vier gleich großen Kugeln formen – aus diesen werden die Portionen für jeweils eine Person.

6. Oberfläche erneut bemehlen, damit der Teig nicht klebt, bevor Sie ihn durch die Nudelmaschine laufen lassen. Folgen Sie dabei den Anweisungen des Herstellers und beginnen Sie mit der breitesten Einstellung. Den Teig zweimal durch jede Einstellung laufen lassen und immer schmaler einstellen, sodass der Teig von Mal zu Mal dünner wird.
7. Nehmen Sie Ihre dünne Nudelplatte und schneiden Sie sie mit dem Spaghetti-Einsatz in schmale Streifen. Noch eine halbe Stunde trocknen lassen (ohne sie zu verheddern).
8. Kurz bevor Ihre Brühe fertig ist, Salzwasser in einem Topf erhitzen, bis es sprudelnd kocht, und dann die Hitze reduzieren, sodass es nur noch leicht köchelt. Die Nudeln in ein kleines Sieb geben, langsam in den Topf hinablassen und etwa 3 Minuten kochen. Probieren Sie sie, um die Konsistenz zu testen, aber denken Sie daran, dass die Nudeln in der heißen Brühe noch weitergaren, also nehmen Sie sie heraus, wenn sie gerade bissfest sind.
9. Brühe in Schalen gießen und die Nudeln hineingeben, bevor Sie sie mit Schweinefleisch, Eiern, Bambussprossen oder den anderen auf Seite 181 genannten Zutaten vollenden.

Die Brühe

Die Brühe ist das, was einer Schale Ramen ihre Geschmackstiefe gibt. Es gibt viele verschiedene Arten von Brühen, je nach Region, aber am meisten verbreitet sind die auf Shoyu-Basis (mein persönlicher Favorit) und solche mit Miso.

Die Brühe wird zu einem Teil aus Konzentrat und zu zwei Teilen aus Fond hergestellt.

Für das Konzentrat:

Shoyu-Ramen

Dieses verleiht der Brühe ein intensives und pikantes Aroma. Mischen Sie 1 TL Sesamöl, 1 EL dunkle Sojasoße, 1 EL Austernsoße und je ½ TL Reisessig und Salz.

Miso-Ramen

Die Miso-Sojabohnenpaste verleiht dem Gericht einen eher nussigen und erdigen Geschmack im Vergleich zu Shoyu und ist auch etwas süßer. Mischen Sie 1 ½ EL Miso-Paste, ½ EL Sojasoße, ¼ EL Salz und 1 TL Zucker.

Für den Fond:

Die Brühe besteht zu zwei Dritteln aus Fond, wenn Sie sich also schon die Zeit genommen und die Mühe gemacht haben, die Nudeln und das Konzentrat herzustellen, wollen Sie hier sicher nicht pfuschen. Dies ist ein Rezept für einen *tonkotsu*-Fond. Der ist zwar zeitaufwendig, aber köstlich – man muss dafür Schweineknochen stundenlang kochen und sämtlichen Schaum abschöpfen, der nach oben steigt.

- 1,5 kg Schweineknochen
- 750 g Hühnerkarkassen
- 2 große Zwiebeln, gewürfelt
- 1 Stange Lauch, in Ringe geschnitten
- 1 Knoblauchknolle, gepresst
- 200 g Champignons, in Scheiben geschnitten

1. Schweineknochen und Hühnerkarkassen in einen großen Suppentopf geben und mit kaltem Wasser bedecken. Bei geschlossenem Deckel und großer Flamme erhitzen, bis es sprudelnd kocht.
2. Sobald der Fond sprudelnd kocht, Topf ausleeren, eventuelles geronnenes Blut von den Knochen wischen und mit kaltem Wasser abspülen.
3. Vergewissern Sie sich, dass der Suppentopf sauber ist, bevor Sie die Knochen wieder hineinlegen und die restlichen Zutaten hinzufügen. Wasser hinzufügen, bis alles ein oder zwei Zentimeter bedeckt ist, und auf hoher Hitze wieder zum Kochen bringen.
4. Wenn der Fond gekocht hat, Hitze reduzieren und für 6-12 Stunden leicht köcheln lassen. Ich mache das gern im Schongarer, wo man ihn länger lassen kann. Hin und wieder kontrollieren und eventuelles Fett und Schaum abschöpfen, die oben schwimmen.
5. Am Ende der Kochzeit sollten Sie einen trüben Fond haben – lassen Sie alles gut abtropfen, bevor Sie ihn zum Ramen-Konzentrat Ihrer Wahl geben.

Übrigens: Ein qualitativ hochwertiger Hühner-Fond funktioniert auch gut. Einfach 600 ml Fond zum Konzentrat geben, bevor Sie die Nudeln und verschiedene Einlagen hinzufügen.

Die Suppeneinlagen

Zu den traditionellen Einlagen gehören Char-Siu-Schweinefleisch, Eier, Bambussprossen, Sesamsamen, Meeresalgen und Frühlingszwiebeln.

Japanische Redewendungen rund ums Essen

Die japanische Sprache verfügt über ein paar Wörter und Aussprüche, die ausschließlich am Esstisch verwendet werden oder wenn gleich gegessen wird.

Gochisousama

Bevor man sich in Japan aufs Essen stürzt, sagt man *itadakimasu*, was man wörtlich als »ich nehme demütig entgegen« übersetzen kann, und danach *gochisousama*, was bedeutet: »Das war ein Festmahl«. So zeigt man seine Wertschätzung gegenüber dem Gastgeber oder Koch.

Kuidaore

Ein weiteres Wort, das die tiefe Liebe und Wertschätzung für gutes Essen in Japan zeigt, ist *kuidaore*, was bedeutet, essen, bis man pleite ist, oder all sein Geld für Essen auszugeben. Die Japaner lieben einen guten Essenstrend – sie stehen freiwillig Schlange, um die neuste Modeerscheinung in Sachen Essen zu ergattern – und Geld für gutes Essen auszugeben und gut zu essen ist definitiv verbreitet.

Oishii

Als ich klein war, erzählte ich meiner Mutter immer, dass ich, wenn ich groß bin, eins von den Mädchen im japanischen Frühstücksfernsehen werde, die durchs Land reisen, verschiedene Spezialitäten kosten und »*Oishii*« sagen. *Oishii* bedeutet köstlich – und wenn

Sie es jemanden vor einem Restaurant sagen hören, lohnt es sich vermutlich, hineinzugehen.

> Ich glaube fest daran, dass nahrhaftes Essen einen verändern und sprachliche wie kulturelle Barrieren durchbrechen kann. Gut essen heißt gut leben – und Essen zu genießen, kann einem sehr viel Freude bereiten. Ziehen Sie Qualität der Quantität vor, und im Zweifel entscheiden Sie sich für das Langsamere. Gut Ding will Weile haben, das gilt auch beim Essen – ob es nun darum geht, eine Brühe stundenlang köcheln zu lassen, um die perfekte Ramen-Basis zu erhalten, oder um die Zeit, die die Sojabohne braucht, um zu ihrer köstlichen, umami-reichen Form zu fermentieren, oder Obst und Gemüse, um zu wachsen. Genießen Sie beim Essen den Augenblick und die Gesellschaft Ihrer Tischgenossen. Sorgen Sie dafür, dass Sie es wertschätzen können, zu essen und sich die Aromen auf der Zunge zergehen zu lassen.

Ocha

お茶

Tee

Wer keinen Tee in sich hat, ist nicht in der Lage, das Wahre und Schöne zu verstehen.

Japanisches Sprichwort

Meine englischen und japanischen Verwandten haben nicht viel gemeinsam, aber eine Konstante in meinem Leben war immer das Geräusch eines brodelnden Wasserkochers – wir sind alle große Teetrinker.

Das japanische Wort für die Farbe Braun ist *cha-iro*, was wörtlich »die Farbe von Tee« bedeutet. Das dürfte Ihnen eine Vorstellung davon geben, wie verrückt wir nach dem Zeug sind. Es gibt unheimlich viele Teesorten in Japan – so viel mehr als bloß Matcha – und viele verschiedene Arten für verschiedene Jahreszeiten und Gelegenheiten.

Es ist nicht unüblich, dass die Leute ihre Lieblings-Teetasse mitnehmen, wenn sie unterwegs sind. Und das aus gutem Grund, denn ich kann mich nicht entsinnen, mal einen wirklich guten Tee aus einem Plastikbecher zum Mitnehmen getrunken zu haben! Der leckerste Tee entsteht durch die besondere Aufmerksamkeit, die man ihm schenkt, und das schließt auch das Gefäß ein, in dem er serviert wird.

Tee ist eine ernste Sache, liebe Leute! Also, schalten Sie doch schon mal den Wasserkocher ein.

Sado – Die Teezeremonie

Sado (oder *chado*), auch bekannt als der »Der Weg des Tees«, ist die zeremonielle Präsentation eines pulverisierten grünen Tees, der Matcha genannt wird. Die Ausführung selbst wird als *otemae* bezeichnet, und sie zu beherrschen erfordert viel Zeit und Hingabe.

Meine Tante Taeko hat ungefähr dreiundzwanzig Jahre damit verbracht, diese Kunst zu perfektionieren. Als ich kürzlich mit ihr geplaudert habe, fragte ich sie, was ihre Motivation gewesen sei, so viel Zeit in die Teezeremonie zu investieren. Sie ist leitende Angestellte in einer großen Werbeagentur und Mutter von zwei Kindern – hatte sie nicht schon genug um die Ohren?

Taeko erklärte, dass sie sich dem Tee zugewandt habe, weil sie das Gefühl hatte, dass ihr Arbeits- und Privatleben so schnell verstrichen. Durch *sado*, sagte sie, nahm sie sich einen Tag in der Woche, um zu reflektieren und den Geist zu entspannen. Die Teezeremonie half ihr, den täglichen Druck von Arbeit und Familie zu vergessen und sich auf natürlichere Weise mit dem Wechsel der Jahreszeiten auseinanderzusetzen – anstatt über Deadlines oder das Ende des Geschäftsjahrs nachzudenken oder was sie sonst alles bis zum nächsten Quartal erledigen musste. Sie sagte zu mir:

»Meine Arbeit hat immer etwas von Konkurrenzkampf, und manchmal fühlt es sich an wie ein Wettrennen. Man muss Kompromisse eingehen oder mit Leuten zusammenarbeiten, die man nicht leiden kann. Aber wenn ich die Teezeremonie ausübe, vergesse ich das alles. Sie hilft mir, zu erkennen, dass der Mensch nichts als ein Teil der Natur ist, über den Tellerrand zu schauen und die Dinge ins rechte Licht zu rücken.«

Ein weiterer wichtiger Bestandteil des Vorgangs war für sie, sich mit der japanischen und insbesondere der spirituellen Kultur zu verbinden und ihre Mitte zu finden.

Es gibt zwei verschiedene Arten von Zeremonien – *chaji* und *chakai*. *Chaji* ist die förmliche Version in voller Länge und kann bis zu vier Stunden in Anspruch nehmen, einschließlich einer kompletten Mahlzeit. Ein *chakai* ist eher eine informelle Zusammenkunft mit leichteren Erfrischungen und weniger festen Regeln. Auch die Gäste haben - sowohl in formellen als auch in informellen - japanischen Teezeremonien eine fest vorgeschriebene Rolle.

Die Grundsätze des Tees

Sado gründet sich auf vier Hauptprinzipien, die auf den Teemeister Sen Rikyu aus dem sechzehnten Jahrhundert zurückgehen. Das Ziel, wenn man eine Teezeremonie durchführt, ist nicht nur, diese Prinzipien währenddessen anzuwenden, sondern auch, sie in den Alltag außerhalb des Teeraums zu integrieren.
Hier folgen die vier Prinzipien:

1. Wa – Harmonie

Es geht darum, in Harmonie miteinander, aber auch mit der Natur, zu leben – beweglich, flexibel und veränderbar zu sein.

2. Kei – Respekt

Man sollte Respekt vor dem Vorgang und der Zeremonie haben, aber auch für einander sowie für die Utensilien und Geräte, indem man achtsam damit umgeht und auf verhaltene, bescheidene Weise stolz auf die Ausübung ist.

3. Sei – Reinheit

Reinheit bezieht sich in diesem Fall auf Sauberkeit und Ordentlichkeit, aber auch darauf, authentisch, klar und transparent zu handeln – mit reinem Geist und Seele.

4. Jaku – Ruhe

Diese kann nicht ohne die anderen Prinzipien erreicht werden, aber es geht mehr um eine Erhebung des Geistes oder einen bestimmten Zustand von Achtsamkeit. Dieser Teil ist wahrscheinlich am schwersten zu erlernen, weil er einen hohen Grad an Disziplin erfordert, diese Ruhe sowohl innerhalb als auch außerhalb der Zeremonie zu wahren.

Diese vier Prinzipien können definitiv außerhalb der Teezeremonie zur Anwendung kommen: Wir könnten alle lernen, harmonisch und respektvoll miteinander umzugehen und etwas mehr Organisation in unser Leben zu bringen, um Ruhe und Zufriedenheit zu finden.

Koicha und Usucha – Dicke und dünne Tees

Matcha wird im Laufe einer Teezeremonie auf zwei verschiedene Arten zubereitet: *koicha* (dicker Tee) und *usucha* (dünner Tee).

Koicha

Dieser wird als Erstes angeboten. Drei Gäste teilen sich eine Schale und nehmen jeweils drei Schlucke, bevor sie sie weiterreichen (nachdem sie den Rand mit einem Hanftuch oder *kaishi*-Papier –

einem gefalteten Stück Papier, das man sich zu Hygienezwecken in den Kimono steckt – abgewischt haben. Für *koicha* benötigt man etwa dreimal so viel Tee wie für *usucha*, und er wird sanft in die Schale gequirlt, um eine weiche Mischung zu erreichen.

Usucha

Der dünnere Tee wird in das heiße Wasser gequirlt oder geschlagen, und jeder Gast trinkt aus seiner eigenen, individuellen Tasse oder Schale.

Ausrüstung

Keine Teezeremonie ist vollkommen ohne die richtigen Gerätschaften (*chadogu*). Sie sollten ein bisschen was in Ihre *chadogu* investieren, und wie ein Koch mit seinen Messern, werden Sie auch mit Ihren Werkzeugen ziemlich vertraut werden.

Cha-ire: Das ist ein Teebehälter mit Deckel, üblicherweise aus Keramik. Der Tee wird darin aufbewahrt und daraus verteilt. Der *cha-ire* wird vor der Teezeremonie gefüllt, und während ihrer Durchführung sehen die Gäste, wie Sie den Tee daraus abmessen.

Chasen: Der *chasen*-Besen wird aus Bambus hergestellt und geht leicht kaputt, muss also häufig ersetzt werden. Weil er empfindlich ist, muss er dementsprechend behandelt werden – benutzen Sie ihn nicht für Ihre Rühreier! Die Bewegungen beim *sado* sind immer weich, bewusst und sanft, niemals verkrampft.

Chakin: Das ist ein weißes Hanftuch, mit dem der Rand der Schale abgewischt wird, nachdem ein Gast daraus getrunken hat.

Chawan: Die Teetasse oder –schale ist das wichtigste Element der Teezeremonie. Im Sommer verwendet man eher flache Schalen, damit der Tee schneller abkühlt, und im Winter tiefere, um das Gegenteil zu bewirken. Gesprungene und unvollkommene Schalen werden hochgeschätzt. Ihre Makel ziehen das Interesse und die Bewunderung der Gäste auf sich. (Zerbrochene Schalen werden mit *kintsugi* geflickt, einer Reparaturmethode mit Gold, siehe Seite 77.)

Chashaku: Der Teespatel, auch *chashaku* genannt, wird aus einem Stück aus Materialien wie Elfenbein oder Bambus gefertigt und benutzt, um den Tee zu portionieren.

Seien Sie Gastgeber bei Ihrer eigenen Teezeremonie

Haben Sie Lust bekommen, Ihre eigene Teezeremonie zu Hause auszurichten? Hier sind ein paar Tipps, die man sich merken sollte:

Die Location ist das A und O

Teezeremonien werden oft in speziellen Teeräumen durchgeführt, die auch *chashitsu* heißen. Diese sind mit Tatami-Matten ausgelegt, und man sollte es vermeiden, auf die Stellen zu treten, wo sie aneinanderstoßen. Sie knien im *seiza*, dem Fersensitz, auf dem

Boden. Zu Hause könnten Sie vielleicht darüber nachdenken, die Möbel etwas wegzurücken, um einen gewissen Raum zu schaffen, und ein paar Kissen für Ihre Gäste auf den Boden zu legen. Oder Sie überlegen sich, ein *nodate* – eine Teezeremonie im Freien, wie ein Picknick – auszurichten.

Optimale Bedingungen schaffen

Für eine authentische Teezeremonie brauchen Sie Folgendes im Raum:

Kalligraphie: in Form einer Hängerolle an der Zimmerwand. Sie sollte thematisch passen, sich auf die Jahreszeit oder das Thema der Zusammenkunft beziehen. (Die Erinnerung an die Jahreszeit findet man in all diesen uralten Bräuchen und Kunstformen.)

Essen: Jede Ausrede ist recht, um etwas zu essen. Ein *kaiseki* (ein japanisches Mahl mit mehreren Gängen, ähnlich der Haute Cuisine) wird auf lackierten Extratischen serviert. Es passt zur Jahreszeit und wird oft mit essbaren Blumen und Kräutern geschmückt. Natürlich muss es hübsch präsentiert werden.

Blumen: Die finden sich überall! Es gibt einen speziellen *ikebana*-Stil, bekannt als *chabana*, der im *nageire*-Stil arrangiert wird (siehe Seite 128). Die Blumen müssen der Saison entsprechen, aber minimalistisch und auf das Wesentliche reduziert sein – höchstens ein oder zwei Linien – und nicht ablenken, weder durch den Duft (von den Aromen des Tees) noch visuell (von der Teezeremonie selbst).

Die Kleiderordnung

Der Gastgeber selbst trägt immer einen Kimono, der ebenso praktisch wie schön ist. Kimonos verfügen über viele Stellen, wo man Gegenstände wie Fächer unterbringen kann – zum Beispiel im *obi* (Gürtel) oder den langen Ärmeln.

Wenn Sie als Gast keinen Kimono besitzen, dann kleiden Sie sich förmlich, aber dezent. Der Fokus liegt hier auf dem Tee und der Zeremonie, nicht auf der Mode. Sie wollen ja nicht von der Ausführung ablenken, indem Sie etwas betont Auffälliges tragen.

Japanische Teesorten: Ein Leitfaden

Bei japanischem Tee kommt den meisten Menschen wahrscheinlich als Erstes Matcha in den Sinn. Die Matcha-Manie greift um sich, überall sprießen neue Cafés wie Pilze aus dem Boden, und in den meisten Coffeeshops auf den Haupteinkaufsstraßen bekommt man mittlerweile Matcha-Latte.

Aber es gibt über Matcha hinaus noch viele weitere japanische Teesorten zu entdecken. Hier ist ein kleiner Leitfaden, welchen Tee man wann trinkt.

Sencha: japanischer Tee

Wenn jemand nach *ocha* fragt, meint er für gewöhnlich Sencha, den am meisten verbreiteten grünen Tee. Er wird auch *nihoncha* genannt, was wörtlich »japanischer Tee« bedeutet. Tatsächlich zählen 80 Prozent des in Japan produzierten Tees zu der Sorte Sencha. Man kann ihn wunderbar zum Essen trinken, insbesondere zu Gerichten wie Tempura oder Meeresfrüchten, da er einen recht milden Geschmack hat. Sencha wird mit Dampf behandelt und braucht beim Aufbrühen viel Platz, damit sich die Blätter entfalten können und das Wasser richtig von dem Aroma durchzogen wird.

Die ideale Temperatur, um Sencha aufzubrühen, beträgt 75°C, um das perfekte weiche Aroma und die grünlich goldene Farbe zu erreichen. Ist das Wasser zu heiß, besteht die Gefahr, dass er übermäßig bitter, scharf und säuerlich wird. Man kann dieselben Blätter mehrmals aufgießen, und ich finde den dritten Aufguss meistens am leckersten. Er macht unheimlich Lust auf mehr. Meine Mitbewohnerin habe ich schon angesteckt (sie ist jetzt bei etwa drei Tassen am Tag).

Genmaicha: Reistee oder Popcorntee

Genmaicha ist eine Mischung aus *bancha*, einer weniger hochwertigen Version von Sencha, und geröstetem Reis (*genmai*). Er wird auch Popcorn-Tee genannt, weil der Reis beim Überbrühen poppen kann wie Mais. Er hat ein recht nussiges Aroma und eine gelbe Farbe. Es ist der perfekte Tee, um Ihren Magen zu beruhigen, wenn Sie sich nicht so wohl fühlen.

Hojicha: gerösteter Tee

Hojicha ist der Lieblingstee meiner japanischen Großmutter Motoko (oder Baba). Er ist fast koffeinfrei, also perfekt, um ihn nach dem Abendessen zu trinken. Er ist geröstet, und sein Aroma ist dem von Kaffee nicht ganz unähnlich. Seine Farbe ist rot-braun. Es ist auch mein Lieblingstee.

Kukicha: (Stängel-)Tee

Kukicha, auch bekannt als Stängel-Tee, ist ungewöhnlich, da er die Stiele und Stängel enthält, die normalerweise weggeworfen werden. Er ist süßlicher und cremiger als andere Tees und kann mehrfach aufgegossen werden. Anders als die anderen hier vorgestellten japanischen Tees, ist er nicht so adstringierend, wenn Sie also Fan von milderen Tees sind, könnte das der richtige für Sie sein.

Matcha: Grüner Tee in Pulverform

Matcha-Tee bezieht sich auf ein fein gemahlenes sattgrünes Teepulver, das in drei Güteklassen eingeteilt werden kann: zeremoniell (für Teezeremonien), premium (für den täglichen Bedarf) und kulinarisch (zum Kochen). Seine tiefgrüne Farbe macht ihn zu einer beliebten Zutat zum Einfärben von Lebensmitteln.

Matcha hat einen leicht bitteren Geschmack und lässt sich daher gut zu süßen Speisen und Desserts trinken, da er einen tollen Kontrast und eine Ergänzung dazu bildet. Meine persönlich bevorzugte Art, Matcha zu mir zu nehmen, ist in Eiscreme, aber man kann ihn auch für Gebäck, Latte und selbst für Smoothies verwenden.

Mugicha: Gerstentee

Für mich schmeckt *mugicha* wie Urlaub. Es ist ein Gerstentee, und man trinkt ihn üblicherweise kalt, hauptsächlich im Sommer. Er ist unheimlich erfrischend, hat aber einen relativ bitteren Geschmack. Zwar trinken manche ihn auch heiß, aber er ist im Sommer der ultimative japanische Durstlöscher, und man kann ihn überall in Teebeuteln kaufen, für die man kein kochendes Wasser benötigt. Man tunkt einfach einen *mugicha*-Teebeutel in eine Kanne kaltes Wasser und lässt ihn im Kühlschrank ziehen.

Matcha
Genmaicha
御抹茶・松江城の白
一服一福
千茶荘

Kukicha
Hojicha
Sencha

Ochazuke (Reis mit Tee)

Sencha ist unglaublich vielseitig, und in meiner Studienzeit war ich extrem dankbar, dass es ihn gibt, weil ich sparen musste und in Studentenwohnheimen lebte. *Ochazuke*, oder Reis mit Tee, ist ein bei Studenten sehr verbreitetes Gericht, als schneller Imbiss oder auch um einen Kater auszukurieren. Außerdem ist es eine fantastische Methode, um Reste zu verwerten. Sie können mit verschiedenen Belägen experimentieren, aber zu meinen Favoriten gehören *umeboshi* (Salzpflaumen) oder Lachsflocken.

1 Portion

- gedämpfter weißer Rundkornreis (etwa 120 g)
- zubereiteter, heißer Sencha (etwa 175 ml)
- 1 in dünne Streifen geschnittenes Blatt *nori*-Meeresalgen, geröstet

Vorschläge für Beläge

- gegarter Lachs
- Seebrasse
- Sesamsamen
- Frühlingszwiebeln, in feine Ringe geschnitten
- Wasabi
- japanische Reiscracker, zerstoßen
- *umeboshi* (Salzpflaumen)
- Sojasoße
- Pollackrogen

1. Den warmen, gekochten Reis in eine kleine Reisschale geben und mit Ihren gewünschten Belägen bedecken. Ich persönlich zerrupfe gern übrig gebliebenen Lachs, dazu Frühlingszwiebeln, geröstete *nori*-Meeresalgen, ein paar zerstoßene japanische Reiscracker (*bubu arare* genannt, falls Sie sie irgendwo bekommen) und etwas Wasabi für ein bisschen Schärfe und Geschmack.
2. Den heißen Tee über Reis und Belag geben, sodass der Reis komplett etwa 5 mm bedeckt ist. Während einige der Beläge austauschbar sind, sind *nori*-Meeresalgen essenziell, tun Sie davon also auf jeden Fall welche hinein.
3. Sorgen Sie dafür, dass alle Gewürze gut untergemischt sind, bevor Sie zuschlagen.

Achtung: Übrig gebliebener Reis eignet sich hervorragend für *ochazuke*, passen Sie jedoch auf, da er eine Lebensmittelvergiftung hervorrufen kann, wenn er nicht richtig aufbewahrt und durcherhitzt wird. *Ochazuke* funktioniert am besten mit Rundkornreis, Sie können es aber auch mit anderen Sorten probieren, obwohl ich glaube, dass das Ergebnis etwas abweicht.

Wagashi – Traditionelles japanisches Konfekt

Vielleicht möchten Sie zu Ihrem Tee etwas *wagashi*, also traditionelles japanisches Konfekt, genießen. Es wird für gewöhnlich aus pflanzlichen Zutaten hergestellt – *mochi* sind eine Art klebriges Reisgebäck und können zum Beispiel mit *anko* (einer süßen roten Paste aus Adzukibohnen) gefüllt sein.

Hier sind meine vier Lieblings-wagashi zum Tee:

1. *Daifuku* – Reisgebäck

Ein *daifuku* ist kleines, rundes *mochi* oder klebriges Reisgebäck mit einer köstlichen Füllung unterschiedlicher Art. Die traditionellste Füllung ist *anko*, aber man bekommt sie auch mit Sahne, etwa mit Erdbeer- oder Kaffeegeschmack. Sie haben eine helle Pastellfarbe – normalerweise rosa, weiß oder grün – und sind mit einer Schicht Speisestärke bestäubt, damit sie nicht zusammenkleben.

2. *Dorayaki* – gefüllter Castella-Kuchen

Wie *daifuku* wird ein *dorayaki* auch typischerweise mit *anko*-Paste aus roten Bohnen gefüllt, aber die äußere Schicht besteht aus Castella. Ich habe eine Schwäche für Castella, er ist ein fazinierendes Produkt der reichen kulinarischen Geschichte Japans. Heute ist Nagasaki für seinen Castella bekannt, dabei ist das Dessert eigentlich ein portugiesischer Import aus dem sechzehnten Jahr-

hundert, ursprünglich als *pão de castella* bekannt. Er wird aus Zucker, Mehl, Eiern und Stärkesirup gemacht. Er hat zwar die Beschaffenheit eines leichten Biskuitkuchens, aber durch die Zugabe von Eiern wird sein Geschmack komplexer, ein bisschen wie Madeira-Kuchen. Es gibt auch Varianten mit Matcha, aber mein Favorit ist eindeutig *dorayaki*, bei dem zwei Scheiben Castella etwas von der süßen Füllung in sich bergen.

3. *Taiyaki* – Fischkuchen

Der Name ist irreführend, weil man nicht unbedingt ein süßes Dessert erwartet. *Taiyaki* oder »gebackene Seebrasse« enthält jedoch keinen Fisch, sondern ist ein Kuchen in Fischform, der aus einem Backteig, ähnlich dem für Waffeln oder Pfannkuchen, gemacht wird und für gewöhnlich eine süße Füllung hat. Mein Favorit ist Vanillecreme – es gibt sogar welche mit Süßkartoffeln. Man isst sie am besten frisch, direkt aus dem Backeisen in Fischform. Oft findet man sie auf Festivals. Besonders zu Neujahr werden in der Nähe von Tempeln Stände aufgebaut, und in dieser Jahreszeit habe ich mal, in der Nähe von Gion in Kyoto, den besten *taiyaki* aller Zeiten gegessen. Ich glaube, ich habe mir drei Stück mit Vanillecreme geholt, weil ich einfach nicht genug von diesem köstlichen warmen Teig mit der wunderbar cremigen Füllung kriegen konnte.

4. *Yokan* – Gelee aus roten Bohnen

Yokan ist eins der ältesten und traditionelleren *wagashi*. Es hat einen sehr subtilen Geschmack und eine ungewöhnliche Konsistenz. Es ist ein geliertes Dessert aus gemahlenen Adzukibohnen, das man üblicherweise in Blöcken und in Scheiben geschnitten kauft. Man findet unterschiedliche Sorten, von denen einige Nüsse, zum

Beispiel Walnüsse, oder Früchte wie Feigen enthalten. Die geleeartige Konsistenz entsteht durch die Kombination aus Bohnen mit Agar-Agar und Zucker. *Yokan* wird traditionell als Geschenk überreicht, und die Tatsache, dass es (überwiegend) vegan ist, ist eine Ankerkennung alter buddhistischer Grundsätze (obwohl man immer noch mal nachsehen sollte, ob wirklich Agar-Agar verwendet wurde, bevor man es für seine veganen Freunde besorgt).

> Die Prinzipien hinter der Teezeremonie – Harmonie, Respekt, Reinheit und Ruhe – sind das, wonach wir alle in unserem Leben streben. Als menschliche Wesen wollen wir in Frieden mit anderen leben und respektiert werden. Indem Sie die Zeremonie für andere ausüben, liefern Sie nicht nur ihnen, sondern auch sich selbst eine physische Manifestation oder einen Ausdruck dieses Wunsches. Es kann auch helfen, ein Gefühl von Gemeinschaft und Zusammenhalt aufzubauen. Aber man muss sie gar nicht so formell durchführen. Ein paar Leute zum Tee einladen kann dasselbe in kleinerem Rahmen und auf subtilere Weise erreichen, selbst wenn man sich nur bei einer Tasse Tee erzählt, was es Neues gibt.

Onsen

温泉と お風呂

Heiße Quellen und Baden

Zu meinen schönsten Erinnerungen gehören Besuche im Sommerhaus meiner Tante in Kusatsu, einem Badeort mit heißen Quellen, nördlich von Tokio. Starker Schwefelgeruch und der Geschmack des berühmten *manjū*, einem süßen Kloß, der mit roter Bohnenpaste gefüllt ist, erinnern mich immer an meine Zeit dort. Im Winter genossen wir das *onsen* nach einem Tag auf der Skipiste, und in den Sommermonaten erfrischten uns die heißen Quellen, die schwüle Sommerluft fühlte sich etwas kühler an, und die Hitze wurde ein klein wenig erträglicher.

Wenig überraschend für ein Land mit so vielen Vulkanen, sind *onsen* überall in Japan zu finden. Es gibt *onsen* im Freien, aber auch drinnen. Sie unterscheiden sich von öffentlichen Badehäusern (*sento*), da sie auf natürliche Weise durch die Quellen geheizt werden.

Ein Besuch in einem *onsen* ist meist eine sehr gemeinschaftliche Aktivität. Ich ging immer mit meiner Familie hin, aber es ist nicht unüblich, dass man sie mit Freunden oder Kollegen aufsucht. Ich persönlich kann mir nicht vorstellen, mich vor Freunden oder Kollegen so zu zeigen, wie Gott mich schuf, aber in Japan ist es weit verbreitet und bringt die Menschen in der Regel einander näher.

Ich weiß nicht, ob es psychologische Gründe hat, weil ich mit dem Baden einen Reinigungsprozess assoziiere, oder ob es daran liegt, dass ich mich bereits physisch entblößt habe, aber einige der offensten, aufrichtigsten und ehrlichsten Gespräche, die ich je mit Mitgliedern meiner Familie hatte, fanden in der Umgebung eines *onsen* statt. Vielleicht hat es etwas damit zu tun, dass man sich auf mehr als eine Weise reinigt?

Onsen-Benimmregeln

Traditionell badeten Männer und Frauen im selben Bereich, aber heute ist das eher unüblich, und die meisten *onsen* sind aufgeteilt in Männer- und Frauenbereiche.

Egal, ob Sie in einem Innen- oder Außenbecken baden – die Regeln sind dieselben: Es wird erwartet, dass Sie sich komplett ausziehen. Die Hygiene wird in einem *onsen* sehr ernst genommen. Sie müssen sich an einer Waschstelle abwaschen, bevor Sie das Becken betreten. Für gewöhnlich setzt man sich dazu auf einen Bambusstuhl und benutzt einen Bambuseimer. Man wäscht seinen Körper mit Seife, bevor man den Gemeinschaftsbereich betritt. Falls Sie langes Haar haben, sollte es hochgesteckt sein, und Sie müssen sämtliche Seifenreste abspülen, bevor Sie hineingehen, damit das Wasser nicht trüb wird oder es zu Reaktionen mit den Mineralien der Quelle kommt.

Tattoo-Tabu

Vor ein paar Jahren kam meine kleine Schwester Amy mit mehreren Tattoos übersät nach Hause, was uns frustriert aufstöhnen ließ, weil in der Vergangenheit viele Betreiber von *onsen* Tätowierten den Zutritt verweigerten, angeblich, weil man *yakuza*, kriminelle Bandenmitglieder, fernhalten wollte. In den letzten Jahren haben manche aber ihre Regeln gelockert, und man darf hinein, solange man eventuelle Tattoos mit Pflastern verdeckt. Daran sollten Sie vielleicht denken, falls sie mit dem Gedanken spielen, sich vor einer großen Reise etwas stechen zu lassen!

阿寒国立公園
屈斜路湖砂湯
岸辺の
砂を掘ると温泉が出ます
SUNAYU
Make your own Onsen (Hot Spring Bath)
by digging sand

Wie man einen Yukata-Kimono anzieht

Wenn man einen Badeort mit heißen Quellen wie Kusatsu besucht, sieht man sehr oft Menschen, die *yukata* tragen. Ein *yukata* ist ein legerer Baumwollkimono, der im Sommer getragen wird. Die Art, die Sie in einem *ryokan* (einem traditionellen Gasthaus) in der Nähe eines *onsen* finden, ist meist dunkelblau-weiß und sehr bequem. Sie sehen toll aus und dienen zugleich als Freizeitkleidung, Schlafanzug oder Bademantel, ohne dass man wie ein Faulenzer aussieht. Was ich an Kimonos am tollsten finde, ist, dass sie jeder Körperform schmeicheln – und dass man darin so viel verstauen kann! Ein luftiger *yukata*, kombiniert mit ein paar klobigen *geta* (Holzsandalen mit hohen Sohlen), ist das ultimative Sommer-Outfit in einem *onsen*-Ort. Und so zieht man ihn an:

1. Stecken Sie die Arme in die Ärmel Ihres *yukata*. So zu tun, als wären Sie ein Vogel, der mit den Flügeln schlägt, ist optional (aber man kann kaum anders).
2. Greifen Sie den Saum/das Revers in Taillenhöhe jeweils mit einer Hand.
3. Ziehen Sie das (von Ihnen aus gesehen) rechte Revers des Gewandes zur linken Seite Ihres Körpers, dicht unter Ihre Armbeuge. Achten Sie darauf, dass die rechte Seite des Kimonos nicht zuoberst liegt – das ist sehr wichtig, denn die rechte Seite des Gewandes oben zu tragen, ist den Verstorbenen vorbehalten, wenn sie für die Beisetzung angekleidet werden. Es wäre also ein gewaltiger Fauxpas.
4. Ziehen Sie die linke Seite des *yukata* darüber und schließen Sie ihn vorne,

sodass Sie darin eingewickelt werden. Achten Sie darauf, dass er so eng anliegt, dass er nicht auffliegen kann, lassen Sie aber so viel Raum, dass es noch bequem ist (oder, in meinem Fall, dass ich mich nicht eingeschränkt fühle, nachdem ich mich mit *manjū*-Klößen vollgestopft habe). Halten Sie ihn fest, während Sie Ihren *obi*-Gürtel binden.

5. Wenn Sie weiblich sind, schlingen Sie sich den *obi*-Gürtel um die Taille, wobei Sie vorne beginnen und ihn am Rücken kreuzen. Bei Männern liegt er tendenziell weiter unten auf der Hüfte. Führen Sie die beiden Enden des *obi* zusammen und binden Sie ihn vorne, ein Stückchen rechts von der Mitte.

Zu Hause baden

Nicht nur Ausflüge in das *onsen*, auch ein Bad zu Hause (*furo*) ist eine tolle Sache. Nichts genieße ich mehr, als ein schönes Bad am Ende des Tages, und nachdem ich nun schon einige Jahre auf dem Londoner Wohnungsmarkt unterwegs bin, gibt es eine nicht-verhandelbare Bedingung: Meine Wohnung muss eine Badewanne haben.

Mein Großvater badete etwa drei Mal am Tag, vor allem im Sommer. Dann kam er sogar in der Mittagspause aus dem Büro nach Hause, um ein kurzes Bad zu nehmen. Japanische Badewannen sind meistens extrem tief, das heißt, Sie können bis zu den Schultern eintauchen – und die meisten sind mit einem Knopf ausgestattet, um das Badewasser wieder zu erwärmen, sodass man ohne Weiteres Stunden in der Badewanne verbringen kann, so lange, bis Ihre Fingerspitzen aussehen wie Trockenpflaumen.

In japanischen Wohnungen ist das Badezimmer für gewöhnlich eine Nasszelle, damit man seinen Körper mit Seife waschen und mit einer Handbrause oder mit einem Bambuseimer mit Wasser abspülen kann, bevor man in die Wanne steigt. Beim Baden geht es nicht darum, den Körper zu reinigen – das passiert alles außerhalb. In der Badewanne geht es darum, sich zu entspannen, den Körper locker werden zu lassen und Spannung abzubauen. Es ist außerdem die perfekte Zeit, um zu reflektieren, Prioritäten zu setzen und loszulassen. Am Ende lassen Sie all Ihren Frust zusammen mit dem Wasser ablaufen.

Badesalz selbst herstellen

In Japan gibt es viele Sorten Badesalz, denn die Vorteile von Aromatherapie sind riesig. Wie wir im Kapitel über *shinrin-yoku* (Waldbaden) gesehen haben, wirken sich die von den Bäumen freigesetzten Phytonzide und Chemikalien positiv auf die Gesundheit aus – und Aromatherapie kann einen ähnlich beruhigenden und entspannenden Einfluss auf den Körper haben.

Die *onsen*-Erfahrung hat viel mit Duft zu tun – sei es der Duft nach Schwefel oder nach heißen, sauberen Handtüchern, frischer Wäsche oder Seife. Diese Aktivität regt ganz stark den Geruchssinn an. Selbstgemachtes Badesalz eignet sich hervorragend als Geschenk.

Sie brauchen dazu:

- 700 g Bittersalz
- 475 g grobes Meersalz
- 120 g Natron
- ätherische Öle (wie Kampfer, Zypresse, Rose, Orangenblüte, Eukalyptus, Minze, Kamille, Zitronenmelisse oder Lavendel)
- frische Kräuter, nach Belieben (zum Beispiel Minze, Rosmarin, Zitronenmelisse, Jasmin, Calendula, Ingwer)

Bittersalz mit Meersalz und Natron in einem Weckglas vermischen. Ein paar Tropfen des von Ihnen gewählten ätherischen Öls hinzugeben, bis das gewünschte Aroma erreicht ist. Wirklich hochwertige, reine ätherische Öle sind relativ teuer, daher beschränke ich mich auf höchstens 10 Tropfen. Ein paar Kräuterzweige sorgen immer für einen hübschen Effekt – vor allem Minzblätter oder etwas Rosmarin.

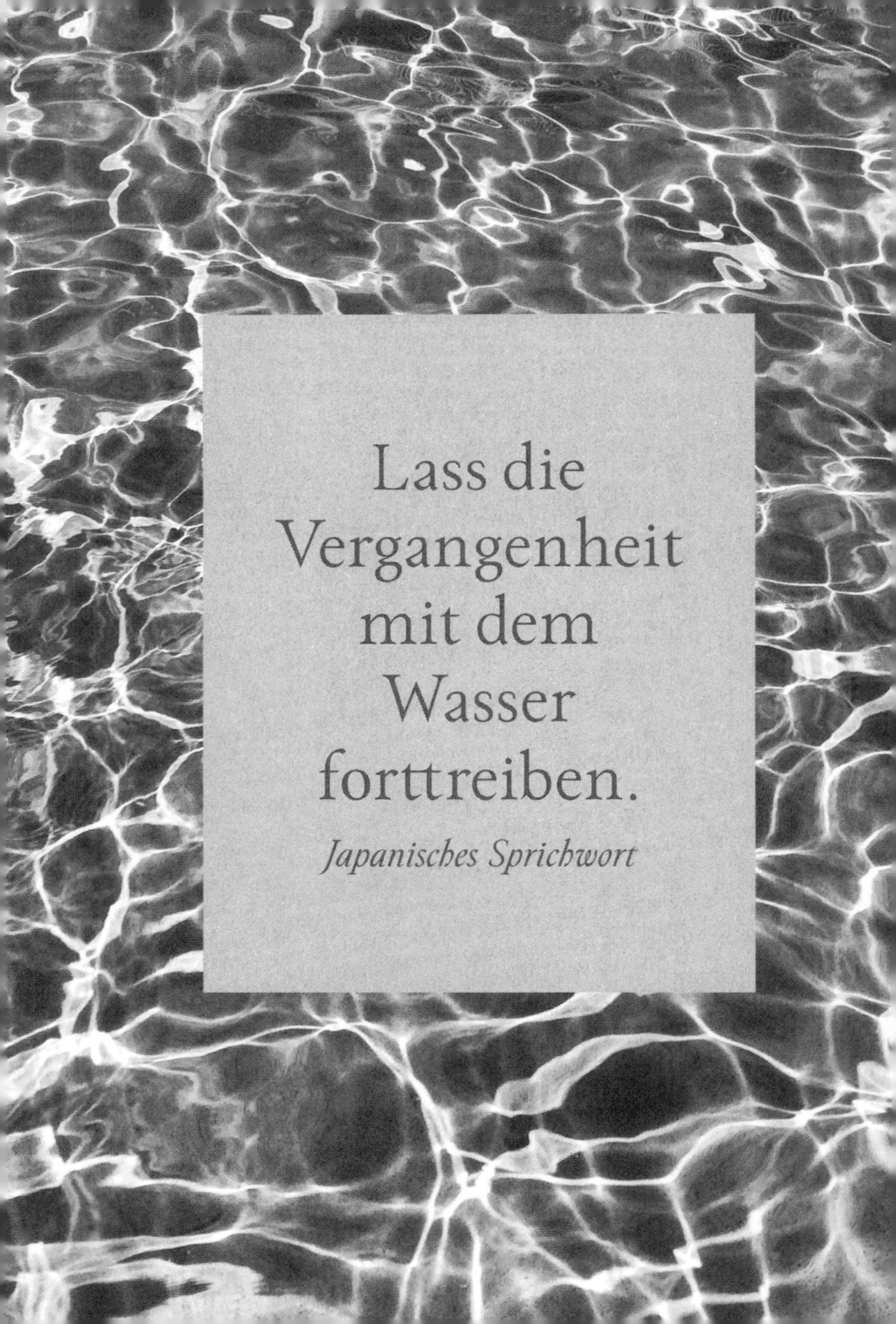

Lass die Vergangenheit mit dem Wasser forttreiben.

Japanisches Sprichwort

Wie man im Ausland in den Genuss der Onsen-Vorteile kommt

Indem man ein schönes langes Wannenbad nimmt, scheint man der Erfahrung, in ein *onsen* zu gehen, am nächsten zu kommen, aber es gibt noch andere Möglichkeiten.

Das Gefühl, von Wasser umspült zu werden, hat etwas enorm Befriedigendes, und einige der Vorteile von *onsen* rühren einfach daher, im Wasser zu sein – vom Wasserdruck und dem Auftrieb. Meiner Liebe zu *onsen* liegt vielleicht auch meine Liebe zum Schwimmen in kalten, offenen Gewässern zugrunde. Meine englische Familie kann gar nicht genug davon kriegen, im Freien zu schwimmen, insbesondere in Flüssen im Sommer. Wenn man die ersten (ohne Zweifel ziemlich harten) Sekunden hinter sich gebracht hat, ist es ein wunderbares Gefühl – und lässt mit Sicherheit Ihr Herz schneller schlagen.

Sie können es auch mit einem Besuch in der Sauna versuchen. Die Hitze regt Ihre Durchblutung an und hilft beim Entspannen. Das Gefühl, in die Hitze einzutauchen, ähnelt sehr dem beim Besuch eines *onsen* und kann daher ganz ähnliche Vorteile haben.

> Beim Baden geht es nicht einfach nur darum, sich kurz abzuwaschen. Sich um sich selbst zu kümmern, ist essenziell für den Erhalt von Balance und Zufriedenheit. Und Rituale rund um das Baden tragen ihren Teil dazu bei – sie schaffen eine Zeit am Tag, in der Sie sich auf sich selbst konzentrieren und sowohl Ihren Geist als auch Ihren Körper reinigen. Es ist eine Aktivität, die die Japaner langsam angehen und der sie Zeit widmen.

Kalligraphie

書道、習字と炭 絵

Schreibkunst und sumi-e

方鑑秘密伝
四柱推命学
九星術
気学
古神道秘説
佛像図鑑
陀羅尼字典
洛地準則詳解
易学大鑑
方位学秘法典
大日経
金光明最勝王経
地蔵尊の研究
漢方薬原典
法華経 全文
心霊現象
霊学霊法
神霊符
神様の戸籍由来
神仙術
瞑想法
古神道
鎮魂帰神法
神道秘法集伝

Ich scherze oft, dass ich meine gekonnte Eyeliner-Technik durch die Kalligraphie-Stunden bei meiner Großmutter Motoko erworben habe. Es stimmt schon, dass ich in dem Bereich geschickt bin, aber es gibt noch ein paar andere Dinge, die ich durch ihre Liebe zu dieser Kunst gelernt habe.

Meine Großmutter, die während des Zweiten Weltkriegs in Russland geboren wurde, wurde in den ersten Jahren ihres Lebens nicht auf die traditionelle japanische Art erzogen. Dinge wie *kakijun* (die Reihenfolge der Striche beim Schreiben japanischer Schriftzeichen) war etwas, was sie erst etwas später als andere Kinder lernte, und als Folge davon ist sie ziemlich unsicher, was ihre Handschrift betrifft. Doch sie hat es jahrelang geübt und nun ein Level erreicht, auf dem sie qualifiziert ist, andere in dieser Kunst zu unterrichten, deshalb amüsiert es mich immer maßlos, wenn sie versucht, die Aufgabe, Dankeskarten zu schreiben, an eine meiner Cousinen oder Tanten abzutreten.

Ich fand die Liebe meiner Großmutter für *shodo* und *shūji* immer faszinierend – die Tatsache, dass ein schlichtes Wechseln der Arbeitsgeräte für dieselben Bewegungsabläufe ihr das Selbstvertrauen gibt, ihre Arbeit anderen zu präsentieren. In der Vorstellung meiner Großmutter sind das jedoch zwei völlig unterschiedliche Dinge: *shodo* und *shūji* sind Ausdruck ihrer Person, jedes zu seiner Zeit. Wie *sado* (der »Teeweg«) und *kado* (der »Weg der Blumen«), bezieht sich das Wort *shodo* auf die Kunst oder den »Weg der Kalligraphie«. *Shūji* dagegen bezieht sich eher auf die Kunst des Schreibens. *Shūji* wird an Schulen von Grund auf unterrichtet – Kinder müssen also die Grundstriche lernen und wie man den Pinsel hält, bevor sie anstreben, die Kunstform auszuüben.

Was an *shodo* so bestechend ist, ist die offensichtliche Rolle, die der Kalligraph beim Schaffen einer Komposition spielt. Das Papier verzeiht nichts – sobald Tusche und Pinsel die Oberfläche berühren, ist der Kalligraph verpflichtet und muss sich zielgerichtet auf sein gewünschtes Ergebnis zubewegen. Jedes Zögern oder Zittern der Hand ist sofort sichtbar und für immer eingefangen. Der Schaffende lässt immer einen Teil von sich selbst in dem Werk zurück, was zu dessen Schönheit beiträgt.

Auf gewisse Weise bestehen zwischen den verschiedenen Künsten Verbindungen. Zum Beispiel betrachtet man vor einer Teezeremonie ein *shodo*-Werk, um den Geist zu reinigen. Das Stück wird nicht zufällig ausgewählt, sondern sehr sorgfältig, und man erhält dadurch einen Eindruck von der Atmosphäre, die der Gastgeber durch die Festlegung des Themas und Ausstellung des Werks bei der Teezeremonie zu schaffen versucht.

Jeder Pinselstrich hat eine bestimmte Spannung, eine bestimmte Nervosität. Jeder Pinselstrich ist auf gewisse Weise eine Art Unfall.

Raphael Soyer

Die Geräte

Als ich ungefähr acht Jahre alt war, schenkte meine Großmutter mir ein Kalligraphie-Set. Ich war so fasziniert davon, dass ich es nur gelegentlich öffnete, um es zu bewundern, ehe ich es wieder schloss, unberührt (und in meiner Vorstellung unbefleckt).

Die folgenden vier Hauptwerkzeuge der Kalligraphie werden als »Schätze des Gelehrtenzimmers« oder *bunbo shiho* bezeichnet:

Der Pinsel: fude

Der Pinsel, *fude* genannt, besitzt einen Griff, der traditionell aus Holz oder Bambus besteht, und Borsten aus Tierhaar (von Pferd, Ziege oder Schaf). Unterschiedliche Pinsel werden für unterschiedliche Striche verwendet: ein *futofude*, ein dicker Pinsel, für große Schriftzeichen, und ein *hosofude*, oder dünner Pinsel, für kleine, zartere.

Die Tusche: sumi

Die Tusche (*sumi*) wird in Form von Stangen aufbewahrt. In der Vergangenheit hatte das einen praktischen Grund, da man sie so leichter über große Entfernungen hinweg transportieren konnte. *Sumi* wird normalerweise aus einer Mischung aus Ruß und Knochenleim hergestellt und oft als traditionelles Geschenk gereicht, obwohl man heute auch schon in Flaschen abgefülltes *sumi* bekommt.

Das Papier: washi

Washi-Papier ist etwas haltbarer als normales Papier und wird für gewöhnlich aus Fasern vom Maulbeerbaum (*kozo*) hergestellt. *Washi*-Papier gibt es mit schönen Mustern und Strukturen. *Washi*-Klebeband ist auch toll zum Dekorieren und für andere künstlerische und handwerkliche Tätigkeiten.

Der Tuschstein: suzuri

Die *sumi*-Stangentusche besteht aus gepressten schwarzen Pigmenten, die gelöst werden müssen wie Wasserfarben. Dazu wird sie mit etwas Wasser in den Tuschstein gerieben. Dann tauchen Sie Ihren Pinsel in die Vertiefung des *suzuri* – die richtige Deckkraft und Konsistenz zu erreichen, ist Teil der Kunst (aber wenn Sie zu faul sind, können Sie auch jederzeit vorgefertigte Tusche aus der Flasche nehmen).

松風

Neben den vier Hauptwerkzeugen verwendet man die Folgenden für die Kunst der Kalligraphie:

Einen Briefbeschwerer oder *bunchin.* Dieser hält beim Arbeiten alles an seinem Platz.

Eine Schreibunterlage oder *shitajiki.* Man legt ein *shitajiki* unter das Papier, um zu verhindern, dass Tusche auf den Untergrund durchsickert. Traditionell verwendet man eine Art Tuch, aber Schüler in Japan benutzen auch Unterlagen aus Plastik, damit ihre Unterrichtsnotizen sich nicht durch die Seiten ihrer Notizblöcke durchdrücken.

Das Siegel oder *indei.* Ein Schüler oder Praktizierender kann sein eigenes Siegel oder Stempel (bekannt als *inkan*) schnitzen, normalerweise mit roter Tinte (*indei*), um sein Werk als seines zu kennzeichnen. Meistens ist das der einzige Farbfleck auf einem ansonsten einfarbig beschriebenen Blatt.

Fudepen. Falls Sie sich an der Kalligraphie versuchen wollen, ohne viel Geld für die ganze Ausrüstung hinzublättern, würde ich zumindest in einen *fudepen* investieren. Die Spitze besteht aus Borsten, er ist leicht zu transportieren und er bietet eine einfach zu handhabende Möglichkeit, Ihre Schreibkunst auszuüben und damit die gewünschte Wirkung zu erzielen, ohne alle Geräte parat haben zu müssen.

Striche und Stile

Das *eiji happo* sind die acht wesentlichen Striche in der japanischen Kalligraphie. Jedes *kanji*-Schriftzeichen (*kanji* ist das japanische Schriftsystem, das sich chinesischer Schriftzeichen bedient) besteht aus einem davon, und alle finden sich in dem Schriftzeichen 永 (*ei*, was ewig bedeutet). Dieses Zeichen ist daher eine gute erste Übung für Anfänger. Es ist sozusagen die *kanji*-Entsprechung von »Stairway to Heaven« für Leute, die anfangen, Gitarre zu spielen.

Die *eiji-happo*-Striche sind:

- 側 ***soku:*** der Punkt
- 勒 ***roku:*** ein horizontaler Strich (quer)
- 努 ***do:*** ein vertikaler Strich (geradeaus)
- 趯 ***teki:*** ein Schlenker nach oben von einem horizontalen oder vertikalen Strich (*roku* oder *do*) (Haken)
- 策 ***saku:*** ein Schlenker nach oben rechts (abheben)
- 掠 ***ryaku:*** ein Strich nach unten links (schräg)
- 啄 ***taku:*** ein Schlenker nach unten links (picken)
- 磔 ***taku:*** ein Strich nach unten rechts (vorwärtsdrängen)

Es gibt drei grundlegende Schriftstile des *shodo*, die sich mit der Zeit herausgebildet haben:

1. Kaisho (Regelschrift)

Dieser standardisierte Stil ist am leichtesten zu lesen und am nächsten an der Schrift, die man auf dem Computer oder handgeschrieben sieht. Er ist nicht besonders stilisiert, allerdings bindend, und er erfordert Präzision bei der Befolgung der Strich-Reihenfolge.

2. Gyosho (halb kursiv)

Gyosho beruht weniger auf der Definition der Striche, sondern eher darauf, wie jedes Schriftzeichen in das nächste fließt, sowie deren Beziehung zueinander.

3. Sosho (abstrakt)

Sosho ist der abstrakteste der drei Grundschriftstile und soll das Gefühl hervorrufen, wie wenn Wind durch Gras weht. Der Fokus liegt weniger auf der Lesbarkeit, sondern mehr darauf, ein Gefühl und eine ästhetische Qualität rüberzubringen.

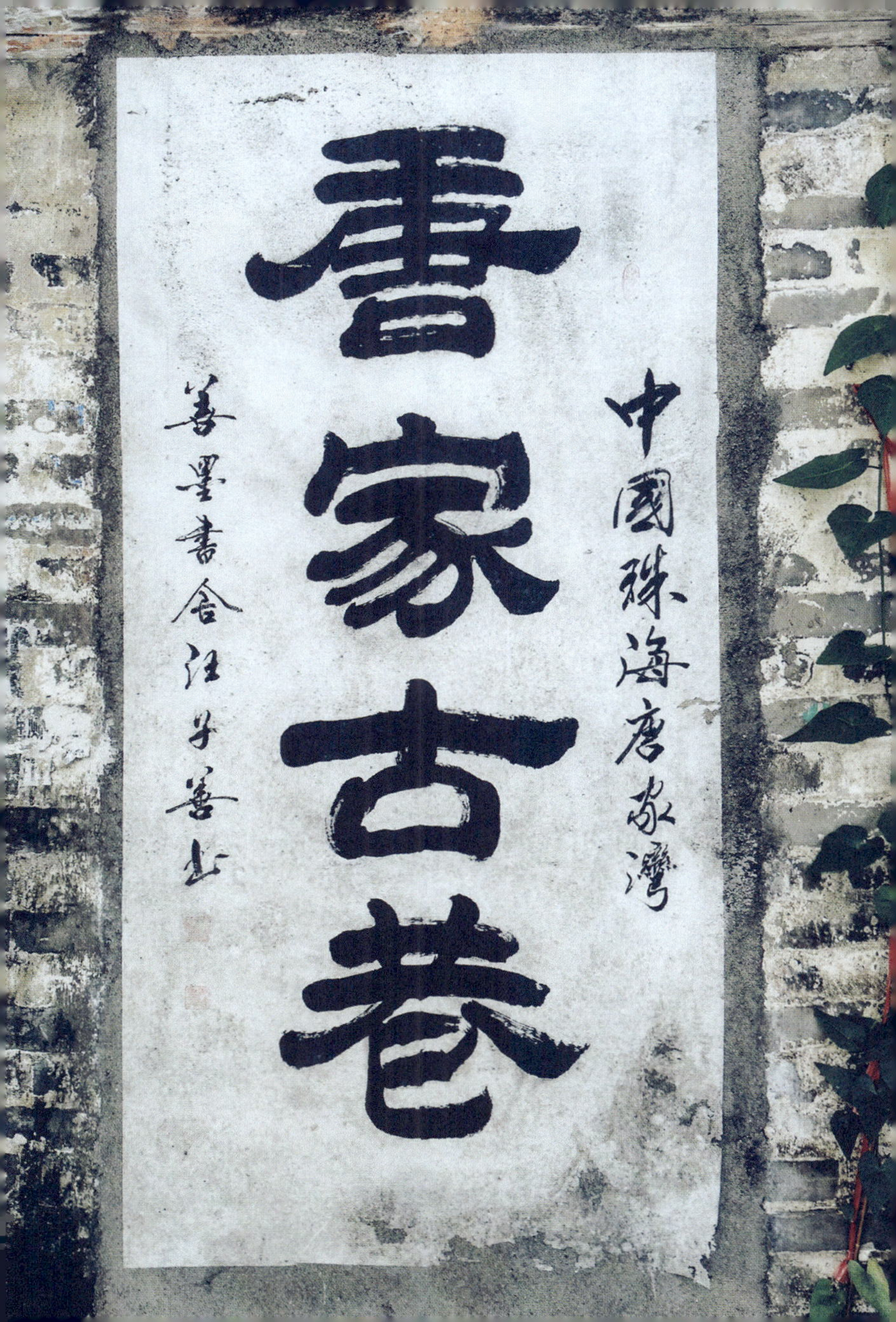
中國珠海唐家灣
唐家古巷
善墨書舍汪子善書

Sumi-e – Einfarbige Tuschmalerei

Sumi-e bezieht sich auf japanische Tuschmalerei mit Hilfe von *fude*-Pinsel und *sumi*-Tusche (siehe Seite 232). Der Fokus liegt darauf, die Essenz oder den Geist des Themas einzufangen, ohne auf verschiedene Farbtöne zurückzugreifen, die davon ablenken könnten.

Mit den weißen Zwischenräumen und der Veränderung des Farbtons der schwarzen Tusche zu spielen, eröffnet sehr viele Möglichkeiten. Innerhalb dieser Grenzen blüht die Kreativität auf – und deshalb geht es bei *sumi-e* vor allem darum, das größere Bild einzufangen, statt der kleineren, komplexeren Details. Jeder Pinselstrich muss bedeutungsvoll und machtvoll sein.

Enso

Eins der häufigsten Themen, die in der Kalligraphie eingefangen werden, ist *enso*, oder der Zen-Kreis, der zugleich alles (zum Beispiel die unermessliche Weite des Universums) und nichts (die Leere) ausdrückt. Er wird für gewöhnlich mit einem flüssigen Pinselstrich gemalt, der nicht mehr verändert werden darf.

Drei gute Gründe, warum Sie Kalligraphie praktizieren sollten

- Eine handgeschriebene oder persönlich unterzeichnete Nachricht wirkt immer bedachter als eine SMS.

- Mit der Hand zu schreiben kann Teile Ihres Gehirns aktivieren und stimulieren, die sich mit Gedächtnisbildung beschäftigen.

- Kalligraphie erfordert Konzentration und Disziplin. Es ist gut, eine Herausforderung zu haben, und nicht bloß auf Ihrer Computertastatur die Return-Taste zu betätigen.

Übung macht den Meister

Das Wichtigste, wenn man mit der Kalligraphie beginnt, ist, die erforderlichen Winkel des Pinsels kennenzulernen. Wie müssen Sie ihn halten, um einen dickeren beziehungsweise dünneren Strich zu erhalten? Beginnen Sie schwerfällig und geht es mit der Zeit leichter von der Hand? Wie viel Druck üben Sie aus, um die gewünschten Schlenker zu erreichen?

Das sind Dinge, die Ihnen niemand anderes beibringen kann. Sie müssen Ihre eigenen Grenzen kennenlernen und wie Ihr Körper mit dem Pinsel interagiert und ihn kontrolliert. Benutzen Sie Schmierpapier, um zu üben, üben, üben, und finden Sie heraus, wie Sie die Zeichen fließen lassen, bevor Sie sie verbindlich auf das gute Papier bringen.

Als Digital Consultant besaß ich zwar eine Fülle an schönem Papier und Stiften, konnte mich aber nicht daran erinnern, wann ich das letzte Mal etwas mit der Hand geschrieben hatte. Also begann ich vor einem Jahr, ein handschriftliches Tagebuch zu führen. Es wirkt irgendwie offizieller, etwas mit der Hand zu schreiben, hinterlässt einen stärkeren Eindruck, erfordert viel mehr Aufmerksamkeit und hat eher etwas von einer wohlüberlegten statt einer leichtsinnigen Aktivität. Und eine handgeschriebene Nachricht zu erhalten, verleiht ihr immer eine größere Bedeutung. Selbst wenn Sie nicht in der Schreibkunst geübt sind, kann das Sehen und Lesen Ihrer eigenen Handschrift Erinnerungen hervorrufen, die Ihnen länger nicht präsent waren.

Seit ich Tagebuch schreibe, stelle ich auch fest, dass ich mich besser an Dinge erinnere. Wie sich herausgestellt hat, bin ich damit nicht allein – es gibt Studien, die die Vorteile des Schreibens mit der Hand gezeigt haben, insbesondere, wenn es darum geht, neue Informationen zu behalten. Eine Studie[5] zeigte, dass die Gehirne von Kindern, die Wörter mit der Hand schreiben sollten, mehr »aufleuchteten« als die der anderen Kinder.

Es ist auch mal schön, vom Bildschirm wegzukommen.

Also tippen Sie beim nächsten Mal nicht, sondern nehmen einen Stift zur Hand und schreiben Sie etwas. Versuchen Sie es. Vielleicht werden Sie überrascht sein.

Das japanische Zuhause

家

Obwohl meine Großeltern die meiste Zeit in ihrem Haus in Tokio verbrachten, sagte mein Großvater immer, dass er sich im Haus in Kamakura mehr zu Hause fühle. Er liebte diesen Ort und hegte und pflegte ihn. Anders als seine Wohnung in Tokio entsprach er eher der traditionell japanischen Architektur, mit einem Gang außerhalb des Hauses, Papier-Schiebetüren, einem Garten mit einem winzigen Orangenbaum und einer *toro*-Laterne aus Stein.

Der Duft von *tatami*-Matten, der für mich eine gewisse Ähnlichkeit mit dem von Karamell hat, erinnert mich immer an meine dort verbrachten Ferien. Die Schiebetüren, die tiefe Badewanne und das Heizen mit Heizlüftern im Winter erfüllen mich mit einem Gefühl von Dankbarkeit dafür, dass ich so viel Zeit in einem für mich traditionellen japanischen Zuhause verbringen durfte.

Aber nicht nur in Japan wuchs ich in einem japanischen Zuhause auf. Meine Mutter wurde in vielerlei Hinsicht von meinem Großvater beeinflusst (unter anderem auch, was ihre Sturheit betrifft), und dieser Einfluss ließ sich bis in den Haushalt verfolgen, in dem ich mit ihr in New York aufwuchs. Beide hassten unnützes Gerümpel und misteten regelmäßig radikal aus, wenn es sie packte. Beide liebten Pflanzen, und als die leidenschaftlichsten und talentiertesten Köche in der Familie, liebten beide es, sich in der Küche aufzuhalten.

Noren, traditionelle japanische Stoffvorhänge, hingen in den Türrahmen unseres Hauses, und im Schrank lag immer ein zusätzliches Futon-Set für Freunde, die über Nacht bleiben mussten (für gewöhnlich, wenn sie nach einer Dinnerparty zu vollgestopft waren, um noch nach Hause zu fahren).

Meine Mutter zieht relativ oft um, aber wo immer sie lebt, man hat stets das Gefühl, dass sie dort zu Hause ist – es ist vertraut, gemütlich und repräsentiert ihre Herkunft und Identität.

Innen und außen: Trennung des Raums im japanischen Heim

Eine meiner ältesten Erinnerungen an meine Rückkehr nach Großbritannien, nachdem ich als Kind mehrere Jahre in Japan gelebt hatte, ist, wie ich vor meinem ersten Schultag pflichtbewusst meine *uwabaki* oder »Schuhe für drinnen« in meine Schultasche packte. Diese Erinnerung zeigt mir so scharf wie keine andere, wie wichtig die Trennung zwischen Innen- und Außenbereich in der japanischen Kultur ist. Sie ist so tief verwurzelt, dass die Bewegungen und Rituale, wenn man einen anderen Bereich betritt, ganz automatisch stattfinden. Wenn man einen Schrein besucht, verbeugt man sich vor dem Eintreten respektvoll. Und man führt *temizu* durch – man lässt sauberes Wasser erst über die linke, dann über die rechte Hand laufen, bevor man sich Wasser in den Mund schöpft, um sich zu reinigen. Und selbstverständlich zieht man die Schuhe aus, ehe man ein Gebäude betritt.

Die strenge Trennung zwischen Innen- und Außenbereich erstreckt sich auch auf Privatwohnungen. *Te-arai* (Händewaschen) und *ugai* (Gurgeln und Mund oder Rachen ausspülen) sind eine weit verbreitete Praxis, wenn man nach Hause kommt, egal, ob man ein Schulkind oder ein überarbeiteter Geschäftsmann ist. Wenn Sie eintreten, möchten Sie sich von Verunreinigungen (zum Beispiel Bakterien) säubern, oder vielleicht auch nur Ihren Gemütszustand ändern.

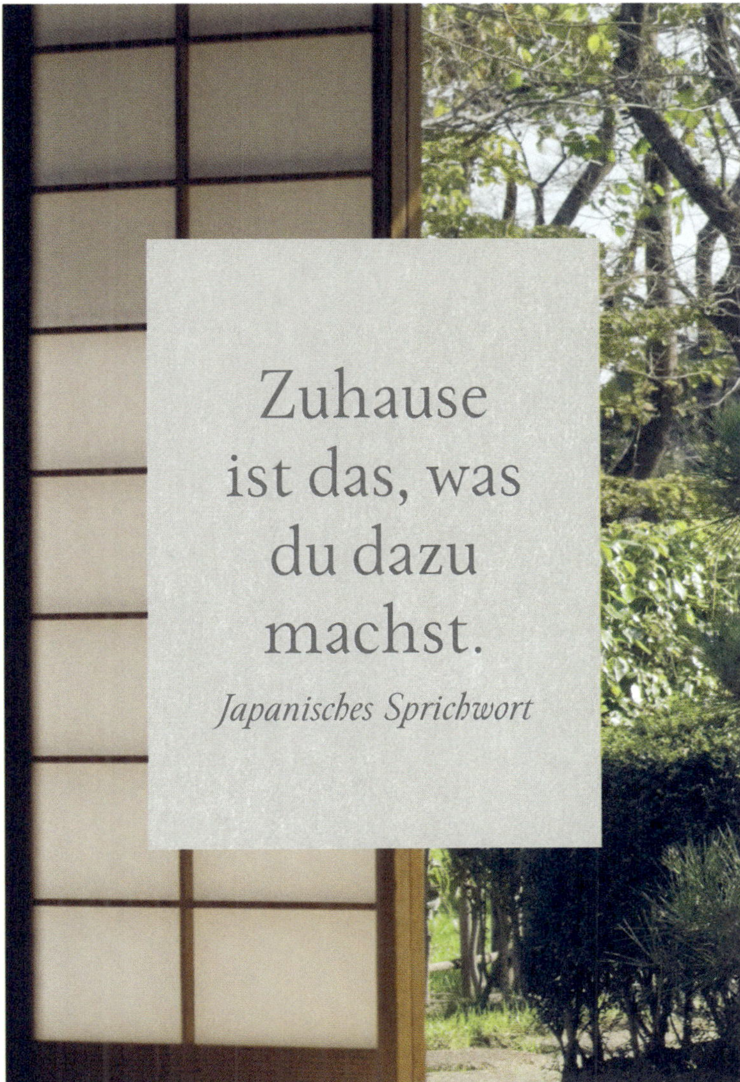
Zuhause ist das, was du dazu machst.
Japanisches Sprichwort

Häuslicher Komfort: Traditionelle Grundpfeiler in japanischen Wohnungen

Vor ein paar Jahren kam meine japanische Großmutter mich für mehrere Wochen in einer winzigen Wohnung besuchen, in der ich mit meinem damaligen Partner lebte. Ich verbrachte den Großteil des Tages bei der Arbeit, überließ sie der Obhut meiner Schwester und wurde abends auf den neusten Stand gebracht. Am zweiten Abend ihres Aufenthalts bemerkte meine Schwester amüsiert, wie sich mein Flur verändert hatte. Meine Schuhe hatten sich auf geheimnisvolle Weise aus dem Schrank fortbewegt und um die Eingangstür herum postiert, und ich war plötzlich Besitzer mehrerer Paare Hausschuhe für zukünftige Gäste. Das Fehlen eines traditionellen Eingangsbereichs oder einer Abtrennung brachte meine Großmutter offenbar aus dem Konzept, und das sagte sie mir auf subtile, unauffällige Weise.

Wohnstätten und Stile haben sich natürlich im Lauf der Zeit verändert, aber es gibt Elemente, die zu kulturellen Grundpfeilern geworden sind, und die ein authentisches japanisches Heim ausmachen.

Genkan

Normalerweise hat jede Wohnung in Japan einen *genkan*, also einen traditionellen Eingangsbereich. Es ist eine symbolische Abgrenzung – in der Regel etwas erhöht – zwischen innen und außen, obwohl er heute in vielen neu gebauten Wohnungen fehlt. Für einen Platz, dessen Hauptzweck es ist, sich die Schuhe auszuziehen, ist er sehr bedeutungsvoll, und die Regeln um ihn herum werden strikt eingehalten: Beim Eintreten werden die Schuhe ausgezogen und nach innen gedreht, sodass sie zur Tür zeigen, oder in ein *getabako*, eine »Schuhbox« gestellt. Natürlich hat das *genkan*-Ritual den zusätzlichen Vorteil, dass man viel weniger staubsaugen muss und es viel hygienischer ist.

Man zollt seinem eigenen *genkan* immer Respekt, aber der steigert sich noch, wenn man das Heim von jemand anderem betritt. Beim Eintreten benutzt man die Standard-Begrüßung *ojamashimasu*, was sich am ehesten mit »Ich werde dich jetzt stören« oder »Ich werde dir im Weg sein« übersetzen lässt. Die Konnotation ist (normalerweise) alles andere als negativ, sondern eher eine Anerkennung der Umstände für den Gastgeber und eine Anspielung auf die Gastfreundschaft, in deren Genuss man kommen wird. Es ist ein bisschen entschuldigend und vor allem ehrerbietig, insofern, dass Sie anerkennen, dass Sie sich im persönlichen Bereich Ihres Gastgebers aufhalten, ihm potentiell im Weg sein und dort von ihm abhängig sein werden. Diese Begrüßung sagt etwas über den größeren kulturellen Respekt für den persönlichen Bereich anderer und auch den gemeinschaftlichen Raum aus – wie man auch an der Sauberkeit öffentlicher Zonen wie Straßen, U-Bahnen und Parks in Japan sehen kann.

Das Betreten eines gemeinschaftlichen Raums enthüllt unglaublich viel über die japanische Kultur, ihre Philosophien und Ideale. Man kann eine Menge daraus lernen. Die ritualisierte Trennung und der Respekt, der von diesem Lebensstil herrührt, machen mich zu einem hervorragenden Hausgast (zumindest am Anfang).

Hölzerne Akzente

In japanischen Wohnungen gibt es tendenziell viele Holzakzente, die tatsächlich mit der ganzen *wabi-sabi*-Ästhetik zusammenhängen – gealtertes Holz wird als schön angesehen. Man überstreicht es daher nicht, sondern bewundert vielmehr die Schönheit in der Art, wie sich das Holz mit der Zeit verändert.

Und es geht nicht nur um Holz, sondern auch um andere organische Materialien. Wie können Sie sie in Ihr Zuhause einbringen? Wie werden sie verwittern, altern und mit der Zeit ihren Charakter verändern? Wie können Sie diese Stücke erhalten und pflegen, um sicherzustellen, dass sie strukturell intakt sind, und etwaige Risse reparieren, die ihre Haltbarkeit gefährden und ihnen dennoch gestatten, natürlich zu altern? Sie sollten schön gealtert oder verwittert sein, nicht verwahrlost und ungepflegt.

Tokonoma (Nischen)

Tokonoma sind eingebaute, nischenartige Bereiche, wo Kunst wie *shodo* oder auch lebende Kunst wie *ikebana* oder *bonsai* ausgestellt werden kann. Der Architekt Frank Lloyd Wright verglich das japanische *tokonoma* mit seinem westlichen Pendant – dem Kamin.

Kotatsu (beheizter Tisch mit Decke)

Japanische Wohnungen sind in der Regel nicht zentral beheizt, sondern man bedient sich stattdessen Heizlüftern. Ein *kotatsu* umfasst einen niedrigen Tisch mit einer daran befestigten Decke und einem Heizofen darunter, was ihn zum vermutlich behaglichsten Platz auf der ganzen Welt macht. Es hat etwas unheimlich Befriedigendes, die Wärme des *kotatsu* zu verlassen, um eine Tasse Tee machen zu gehen, und dann wieder darunter zu schlüpfen. Wenn ich im Winter in Japan bin, finden Sie mich mit der größten Wahrscheinlichkeit in einem solchen. Ich bin sogar dafür bekannt, dass ich mein Bett verlasse und stattdessen mit Begeisterung dort schlafe. Am nächsten komme ich diesem Gefühl hier wahrscheinlich mit einer Bettdecke und einer Wärmflasche darunter (vor allem im Winter).

Am Tisch – Chabudai und Zabuton

Das wichtigste Möbelstück ist für mich der Esstisch – das Herz des Hauses, wo die Menschen zusammenkommen.

Es ist ziemlich verbreitet und entspricht der Tradition, dass der Haupttisch der Wohnung ein *chabudai* ist. Ein *chabudai* ist ein niedriger Tisch, vielleicht höchstens einen halben Meter über dem

Boden, der bequem gefaltet und verstaut werden kann. Da er so niedrig ist, sitzt man auf den Knien auf einem *zabuton*, einem dünnen Bodenkissen. So zu sitzen, ist klasse für Ihre Haltung, insbesondere Ihren Rücken. Ich bin so an diese Art zu sitzen gewöhnt, dass ich mein Abendessen zu Hause auf die Art an meinem Couchtisch zu mir nehme, statt mich auf einen Stuhl zu setzen!

Wandelbare Räume

Der Knackpunkt an japanischen Wohnungen ist für mich die Tatsache, dass sie so wandelfähig sind. Damit habe ich immer noch zu kämpfen, denn ich mag es, wenn mein persönlicher Lebensraum und insbesondere mein eigenes Zimmer ein bestimmtes Aussehen haben. Ich merke immer, wenn jemand während meiner Abwesenheit in meinem Zimmer war, zum Beispiel, weil meine Kissen unordentlich sind oder mein Stuhl minimal bewegt wurde. So zu leben ist jedoch nicht realistisch, dafür bräuchte es strikte Isolation. Freunde kommen zu Besuch, jüngere Geschwister malen mit Filzstiften auf unterschiedliche Oberflächen, und es gibt immer die unvermeidlichen Rotweinflecken auf dem neuen Teppich.

Vielleicht liegt es daran, weil Japan so anfällig für Erdbeben, Tsunamis und andere Naturkatastrophen ist, dass seine Häuser und die Architektur so geplant werden, dass sie dynamischer und fließender sind. Das Design konzentriert sich auf verwitterte, rostige und alternde Möbel, und Gegenstände sind dazu gedacht, bewegt und verschoben zu werden. Es ist außerdem eine unglaublich kleine Insel, die extrem dicht bevölkert ist, daher ist Platz kostbar und einfach kein Raum für Gerümpel. Streng definierte Zimmer mit festgelegten Funktionen sind daher nicht praktisch, und in vielerlei Hinsicht macht die Flexibilität die Räume sehr viel lebenswerter.

Ich will mich nicht dafür aussprechen, die Wände Ihres Hauses einzureißen, aber es wäre vielleicht eine erfrischende und reinigende Übung, Ihren Blickwinkel auf den Raum und wozu Sie Ihre Zimmer benutzen, zu verändern. Es wird Ihnen auch helfen, Ihre Besitztümer neu zu bewerten (siehe Seite 260). Im Fluss und flexibel zu bleiben, sollte meiner Meinung nach immer das Ziel sein, obwohl das, wie gesagt, etwas ist, womit ich selbst so meine Probleme habe.

Den Raum und multifunktionelle Zimmer nutzen

In den meisten japanischen Häusern haben die Räume keinen bestimmten oder festgeschriebenen Zweck, bis auf den *genkan*, die Küche und das Bad. Die Zimmer werden durch bewegliche *fusuma* (Schiebetüren) oder *shoji* (Raumteiler aus durchsichtigem Papier und Holz) abgeteilt, die an Holzschienen entlanglaufen, was platzsparend ist und die Zimmer innerhalb einer Wohnung wesentlich anpassungsfähiger macht, als sie es sonst wären.

Der Wohnbereich (*ima*) befindet sich üblicherweise in der Mitte des Hauses, und die umliegenden Abtrennungen können mitunter entfernt werden, um bei Bedarf mehr Platz zu schaffen.

Und selbst wenn der Rest des Hauses im westlichen Stil gebaut ist, haben die meisten japanischen Wohnungen einen *washitsu* – einen Raum im japanischen Stil mit *tatami* (gewebte Reisstrohmatten) auf dem Boden.

Futon

In Japan ist Futon nicht, wie im Westen, ein Synonym für ein niedriges Bett. Wenn ein Japaner von einem Futon spricht, meint er ein Matratzenset, bestehend aus einer faltbaren Matratze (*shikibuton*) und einer Decke (*kakebuton*), die ordentlich verstaut werden können. So kann ein Zimmer neben dem Schlafen für andere Aktivitäten genutzt werden, zum Beispiel, um Wäsche aufzuhängen oder Sport zu machen.

Entrümpeln, Verstauen und Organisation

Der Schlüssel, sich den Platz zu bewahren, sind Organisation und alles so schlicht wie möglich zu halten. Vieles hat mit nützlichen Stauraumlösungen zu tun (ich arbeite daran, mein Haus wie das Innere eines Muji-Ladens aussehen zu lassen), aber es geht auch darum, all das überflüssige Zeug loszuwerden, das sich mit der Zeit ansammelt. Brauchen Sie es wirklich? Wann haben Sie es das letzte Mal benutzt? Macht es Sie glücklich?

Als ich jünger war, war ich unglaublich sentimental, was meine persönlichen Gegenstände und Habseligkeiten anging, aber seit ich ins Ausland gezogen bin, in Wohngemeinschaften lebe und auf dem Londoner Wohnungsmarkt unterwegs bin, habe ich sie ziemlich reduziert.

Hier sind ein paar meiner heißesten Entrümpelungstipps:

Der Kleiderbügeltrick: Nehmen Sie sich etwas Zeit, um Ihre Kleidung durchzugehen und hängen Sie sie mit den Haken der Kleiderbügel nach außen (zu Ihnen zeigend) auf. Wenn Sie etwas getragen haben, hängen Sie es anders herum wieder hinein. Nach sechs Monaten sehen Sie sich die Teile an, die immer noch in derselben Position hängen wie ein halbes Jahr zuvor (das schlecht sitzende Kleid aus dem Schlussverkauf oder die Bluse mit dem Tintenfleck) – die können Sie vermutlich zur Kleiderkammer geben. Ich mache das regelmäßig und bin dadurch wesentlich zurückhaltender beim Kauf von Klamotten geworden, die ich, wenn ich ehrlich bin, gar nicht brauche.

Kleidertausch: Nach dem Kleiderbügel-Trick lade ich gern ein paar Freundinnen ein und bitte sie, ein paar ihrer ungeliebten Kleidungsstücke mitzubringen. Und dann tauschen wir. Das bietet all die Vorteile von Shopping, nur mit dem Unterschied, dass hinterher die Geldbörse nicht leer ist. Und es ist wirklich schön zu sehen, dass lange vernachlässigte Teile wieder gern getragen werden.

Ein Schritt nach dem anderen: Ein paarmal im Monat verbringe ich einen Abend oder ein Wochenende damit, mir einen Teil eines Zimmers vorzuknöpfen – sei es eine Schublade voller Ladegeräte von Telefonen, die ich gar nicht mehr habe, Kleidung, die aus der Mode ist, oder dieses fragwürdige, neonfarbene Festival-Outfit mit Glitzer. Immer einen Schritt nach dem anderen zu machen, macht es viel leichter.

Apropos unnötiger Ballast – Kennen Sie Tsundoku?

Ich bin inzwischen relativ diszipliniert, wenn es um das Aussortieren von Dingen wie Kleidung geht. Ich habe mich mit der Tatsache abgefunden, dass ich mir nicht genug aus Mode mache, um viel Zeit, Geld und Energie darauf zu verwenden. Aber was eine andere Art von überflüssigem Ballast angeht, bekenne ich mich definitiv schuldig.

Im Japanischen gibt es ein Wort – *tsundoku* – das das Phänomen beschreibt, Bücher anzuhäufen, die ungelesen bleiben. Ich habe so viele Bücher, die ich gekauft habe und vorhatte zu lesen, doch dann fehlte mir leider die Zeit dazu. Am nächsten Neujahrstag habe ich fest vor, mir diesen *tsundoku*-Stapel vorzunehmen.

Die drei Top-Tipps, um ein japanisch inspiriertes Zuhause zu schaffen

Als ich klein war, war meine Mutter wirklich stolz auf ihr Zuhause. Wir lebten in einer hübschen Wohnung in einem alten und maroden Stadthaus in der Nähe des Central Park in New York. Die Wohnung war winzig, fühlte sich aber dank der Liebe meiner Mutter zur traditionellen japanischen Ästhetik – mit Wandschirmen, Pflanzen und wenigen Möbelstücken – nie so an. Von meiner Mutter inspiriert sind hier drei Tipps, wie man ein Haus auf japanische Art zu einem Zuhause macht:

1. Holen Sie sich die Natur hinein

Sei es mit Pflanzen oder Holzakzenten, versuchen Sie, sich die Natur ins Haus zu holen. Die Ästhetik des japanischen Designs ist stark beeinflusst von dem Wechselspiel zwischen Gesellschaft und Menschheit und ihrer Beziehung zur Welt der Natur. Wir hatten immer viele Pflanzen zu Hause, vor allem am Fenster. Und statt den Raum dunkler wirken zu lassen, machten sie ihn irgendwie größer.

2. Halten Sie es minimal

Befreien Sie Ihre Umgebung von unnützem Zeug – das macht es einfacher, etwas zu finden und sauberzumachen, und sieht auch viel gepflegter aus. Sortieren Sie Ihren Kleiderschrank aus, gehen Sie strategischer mit Platz um und begnügen Sie sich mit dem, was Sie haben. Neue Sachen und Möbel zu kaufen, sollte der letzte Ausweg sein. Überlegen Sie, wie Sie Dinge sinnvoll wiederverwerten und aufwerten können. Weniger ist definitiv mehr.

3. Experimentieren Sie mit Raum

Ein paar clevere Aufbewahrungslösungen, und Sie können vielfältige Verwendungsmöglichkeiten für ein und denselben Raum oder Bereich finden. Ein Gästezimmer kann zum Beispiel auch als Meditationsraum dienen. Bei mir zu Hause haben wir, indem wir in einen guten Wäscheständer investiert haben, eine ungünstige Wandnische von einer Abstellecke in einen Bereich verwandelt, um schöne Pflanzen auszustellen – im Moment stehen dort ein paar hübsche Weidenkätzchen und Eukalyptus und tragen sehr zu einem hübscheren Wohnambiente bei. Sie können zur Inspiration in japanische Möbelgeschäfte gehen oder sich online Bilder ansehen. Clevere Aufbewahrungslösungen zu finden, bedeutet, dem Fluch der Schublade des Grauens zu entkommen. (Sie wissen schon, die, wo Sie wahllos Dinge reinstopfen, damit sie Ihnen nicht mehr im Weg sind …)

Es lohnt sich immer, Zeit und Energie zu investieren, um Ihr Zuhause zu einem schönen und glücklichen Ort zu machen. Ein sauberes und gut organisiertes Heim kann Ihnen helfen, vieles klarer zu sehen – panische Suchaktionen können extrem stressig sein. Diese Stressquelle zu eliminieren, kann daher sowohl für Ihre Gesundheit als auch für Ihr allgemeines Wohlbefinden einen enormen Unterschied machen.

Wir sind von Natur aus territorial orientiert und brauchen unsere persönlichen Rückzugsräume, also respektieren Sie Ihren eigenen Bereich und auch den von anderen – Sie werden es sich danken.

III

Shukanka

習慣化

Eine Gewohnheit herausbilden

Die Monotonie von *kakijun* – der Reihenfolge der Striche beim Schreiben von Schriftzeichen – war in der japanischen Samstagsschule der Fluch meiner Kindheit. Ich fand es zutiefst ungerecht, dass meine Klassenkameradinnen und Schulfreundinnen ihre Samstage gemeinsam bei den Pfadfinderinnen verbrachten und in meiner Vorstellung Marshmallows grillten, segeln gingen und Knoten übten, während ich dasaß und gefühlt tagelang immer und immer wieder dasselbe Zeichen schrieb.

Wiederholung, Willenskraft und Selbstdisziplin sind Dinge, die man lernen muss, denn bei den meisten kommen sie tatsächlich nicht von selbst. Sobald Sie jedoch eine Gewohnheit herausgebildet haben, bleibt sie, und dann erst kommen Sie wirklich in den Genuss der Vorteile. Sei es, die Disziplin aufzubringen, Sport zu treiben, einen sauberen, gut organisierten Haushalt zu führen oder sich die Zeit zu nehmen, um alles zu schaffen, was Sie sich vornehmen – von Anfang an Arbeit reinzustecken, macht es später so viel einfacher.

Es handelt sich um eine größere Reise: Ihre Arbeit ist nie getan, und die Gewohnheit ist etwas, das Sie (ärgerlicherweise) niemals auf Ihrer To-do-Liste abhaken können. Sie sollten sie ständig wiederholen, sich ständig verbessern, Ihre Methoden abändern und sich herausfordern. *Kaizen, shukanka* – all das sind Dinge, die als selbstverständlich angesehen werden. Doch sie haben die Macht, Ihr Leben zu verwandeln und dabei Aspekte davon zu vereinfachen.

Es geht nicht darum, alles perfekt zu machen oder sich selbst unrealistische Maßstäbe zu setzen. Es gibt einen Ausspruch, *Naseba naru*, der sich grob übersetzen lässt mit »Wenn du handelst, wird es passieren«. Es geht um das große Ganze. Man bereut eher die Dinge, die man nicht getan hat, als die, die man getan hat.

Beginnen
ist leicht.
Weitermachen
ist schwer.

Japanisches Sprichwort

Und ist das nicht entscheidend, um ein glückliches und erfülltes Leben zu führen?

Dabei passieren Dinge natürlich nicht über Nacht. Sie brauchen Zeit, Kultivierung und Hingabe, ebenso wie Schweiß und vielleicht auch ein paar Tränen.

Wenn ich mir selbst überlassen bin, habe ich das Potenzial, unglaublich faul zu sein. Ich könnte bis in die Puppen schlafen, mich tagelang von Junkfood ernähren und mir endlos Serien auf Netflix ansehen. Ich habe das schon mal gemacht, vor vielen Jahren, und es war wahrscheinlich die unglücklichste Phase meines Lebens. Heute werde ich immer wieder gestresst, aber ich habe begonnen, die richtige Balance zu finden: Ich gebe meinem Privatleben und meiner Gesundheit die gleiche Priorität und nehme mir Zeit, Dinge zu schaffen, die mich glücklich machen. Es hat eine ganze Weile gedauert, diese Balance zu erreichen, und sie ist auch noch weit davon entfernt, perfekt zu sein. Aber ich bin definitiv auf dem richtigen Weg.

Die Idee ist, langfristig darüber nachzudenken, wie Sie die Philosophien und Praktiken in diesem Buch in Ihr Leben einbauen können. Das Entscheidende ist, eine Gewohnheit herauszubilden – und wenn Sie das erst mal geschafft haben, fangen Sie an, es zu tun, ohne überhaupt darüber nachzudenken. In diesem Abschnitt sehen wir uns Strategien und Methoden an, wie echte, greifbare und nachhaltige Veränderungen stattfinden können.

Und was diesen japanischen Samstagsunterricht betrifft, der mir als Kind als so eine lästige Pflicht erschien … er hat mich sehr als Person geformt: Ich bin ziemlich effizient, was meiner Freizeit zugutekommt. Und die Reihenfolge der Striche zu kennen, macht tatsächlich die Dinge einfacher!

In die Praxis umsetzen

Was mich beim Schreiben dieses Buchs selbst erstaunt hat, war, wie viel es über mich und meine Familie ans Tageslicht gebracht hat.

Gespräche mit meiner Tante Taeko, insbesondere über Tee, ließen mich über ihr ständiges Ziel der Selbstverbesserung und die Disziplin nachdenken, mit der sie ihre Kunst ausübt. Weil sie die Teezeremonie nun schon so lange durchführt, hat sie sich das Privileg eines *chamei*, Teenamen, verdient – was fortgeschrittenen Praktizierenden der Teezeremonie vorbehalten ist. Aber in unseren Gesprächen war meine Tante sehr leidenschaftlich darauf bedacht, mir das Ausmaß der Reise zu vermitteln, die noch vor ihr liegt: »Wenn du praktizieren darfst, erreichst du keine Stufe, sondern erhältst die Erlaubnis, den nächsten Schritt auf dem Weg zu gehen. Ein Ende gibt es nicht«, sagte sie.

Anfangs fand ich das unbefriedigend. Doch als ich länger darüber nachdachte, erschien es mir rein, echt und wahr. Denn: Sind wir jemals mit irgendetwas fertig? Alles kann verlängert oder ausgedehnt werden, an allem kann man immer noch weiter arbeiten. Sehen wir uns Wege an, wie wir das in unserem Alltag schaffen können:

Erstens, indem wir akzeptieren, dass Hindernisse – nennen Sie es Scheitern, Stolpersteine, Herausforderungen, wie Sie wollen – immer auftauchen werden. Sie sind unvermeidbar, machen uns aber langfristig stärker. Eins meiner Lieblingssprichwörter, die das verbildlichen, ist *ame futte ji katamaru*, was bedeutet »Nach dem Regen wird die Erde härter«. Widrigkeiten formen den Charakter.

 Sie machen uns auch stärker, und unsere Geschichten ein bisschen spannender.

Zweitens, indem wir kleine Schritte machen – immer einen nach dem anderen. Lassen Sie sich nicht vom großen Ganzen überwältigen und setzen Sie sich nicht selbst unter Druck, indem Sie sich zu viel vornehmen. Arbeiten Sie immer weiter daran – gewissenhaft, kontinuierlich und konsequent.

Drittens, indem Sie akzeptieren, dass nichts jemals wirklich vollständig ist. Wenn Sie etwas lange genug anstarren, werden Sie immer Dinge finden, an denen man noch feilen könnte. Es geht also darum, Akzeptanz aufzubringen und sukzessiv zu denken, statt statisch oder isoliert. Es ist etwas, woran ich selbst immer noch arbeite und womit ich sicherlich immer ringen werde. Entscheidend ist aber, dass Sie die Dinge loslassen können, die Sie nicht kontrollieren können.

Kaizen – Veränderung zum Besseren

Die direkte Übersetzung des Wortes »*kaizen*« ist »Verbesserung«, aber manche sind vielleicht eher mit seiner Anwendung im Kontext von Produktionsstätten vertraut. Toyota ist dafür berühmt, sich nach dem Zweiten Weltkrieg dieses Konzepts bedient und durch das kontinuierliche Einbauen kleiner Verbesserungen in den Herstellungsprozess Produktion und Effizienz erhöht zu haben. Das ultimative Ziel für Unternehmen, die sich der *kaizen*-Methode bedienen, ist, Verschwendung zu verhindern und auf geordnete und standardisierte Weise zu Experimenten und Selbstreflexion zu ermutigen.

Wie Sie Kaizen-Unternehmensgrundsätze auf Ihr Leben anwenden

Zwar wird das Konzept *kaizen* stark mit der Unternehmenswelt in Verbindung gebracht, es hat aber weit über diese hinaus Relevanz.

Sie sind keine gut geölte Maschine, also wirkt es vielleicht ziemlich absurd, diese offensichtlich mechanischen Theorien auf Ihr Leben anzuwenden, aber sie können Denkanstöße liefern. Ich muss gestehen, in der Vergangenheit habe ich dieselben Fehler immer wieder gemacht und mich anscheinend immer wieder in dieselbe Situation gebracht. Aber offen darüber zu sprechen und mir einige dieser Unternehmensprinzipien zunutze zu machen, hat mir sehr geholfen.

Teamwork

Niemand ist eine Insel und so ...

Mir fällt es immer noch schwer, um Hilfe zu bitten, aber wenn ich es doch tue, frage ich mich jedes Mal, warum ich so lange gezögert habe. Teamarbeit, Beziehungen aufbauen, sowohl privat als auch beruflich – all das ist der Schlüssel. Seien Sie ein Teamplayer. Und denken Sie daran, es ist auch eine Frage von Geben und Nehmen. Wenn Sie also Zeit haben, bieten Sie Ihre Hilfe an, irgendwann ist die Situation vielleicht mal umgekehrt.

Disziplin

Ob es darum geht, die Energie aufzubringen, morgens aus dem Bett zu kommen, um es zu dem Yogakurs um 6 Uhr zu schaffen, Ihr Mittagessen für die Woche vorzukochen oder Ihre Arbeit noch vor Ende der Deadline fertig zu bekommen, für all das braucht man vor allem eins: Disziplin. Finden Sie das, was Sie antreibt, was immer es ist, und ziehen Sie es durch. Ich finde es extrem schwer, die Motivation für die meisten Dinge aufzubringen – zum Beispiel Sport zu treiben oder geistlose Tätigkeiten auszuführen –, ohne irgendwie ein Spiel daraus zu machen. Entweder nutze ich Apps, um Listen anzulegen, oder ich genehmige mir einen bestimmten Kauf, wenn ich Ziele erreicht habe. Ich weiß, ich sollte es auch so tun, aber für mich funktioniert es, und ich halte daran fest!

Feedback und Reflexion

Fehler zu hinterfragen, egal ob im privaten oder beruflichen Bereich, kommt einem vielleicht etwas besessen vor, ist aber wichtig für Ihren Seelenfrieden. Warum haben Sie sich so verhalten? Was würden Sie das nächste Mal anders machen? Selbstreflexion, Offenheit

Auch Affen fallen mal vom Baum.

Japanisches Sprichwort

in Gesprächen mit anderen und Ehrlichkeit zu sich selbst, was Ihre Unzulänglichkeiten angeht, kann zukünftigen Kummer vermeiden helfen.

Ich habe eine recht lebhafte Fantasie, verrenne mich oft und bin hypersensibel. Sich den Problemen zu stellen und offen zu sein, kann helfen, dagegen anzugehen und Konflikte ins richtige Licht zu rücken.

Dazu gibt es im Japanischen ein tolles Sprichwort: *Anzuru yori umu ga yasashii* – »Ein Baby auf die Welt zu bringen ist einfacher, als sich um es zu sorgen«. Für mich ergibt das Sinn, aber da ich diese Reise noch vor mir habe, überlasse ich das Urteil lieber den Müttern dieser Welt …

An Maßstäben festhalten

Setzen Sie sich hohe Maßstäbe, aber bleiben Sie gleichzeitig realistisch (und seien Sie nett zu sich selbst). Ich glaube von ganzem Herzen, dass Vergleiche einem die Freude rauben, und dass die einzige Person, mit der Sie in Konkurrenz treten, Sie selbst sein sollten. Suchen Sie sich Herausforderungen und versuchen Sie, Ihre persönliche Bestleistung zu überbieten. Ziele und persönliche Erfolge zu erreichen kann äußerst befriedigend sein.

Verbindlichkeit, Authentizität und Transparenz

Kein Wischiwaschi, wenn es um Ihre Ziele geht – seien Sie verbindlich! Tragen Sie Ihr Herz auf der Zunge. Ich spielte monatelang mit dem Gedanken, einen Blog anzufangen, aber erst, als ich begann, den Leuten davon zu erzählen, bin ich auch wirklich aktiv geworden. Als ich ihn erst einmal online gestellt hatte, musste ich weitermachen. Also, gehen Sie da raus, tragen Sie Ihre Mannschaftsfarben, leisten Sie einen Treueeid – und stehen Sie dazu!

Shukanka: Was Sie bei der Stange hält

Langfristige Veränderungen passieren nie über Nacht. Man erreicht sie durch sanftere, subtilere Methoden. Denken Sie erst in kleinen Schritten, bevor Sie sich zum Marathon anmelden. Wie bei *kakijun*-Strichen müssen Sie sich erst hinsetzen und die Zeichen lernen, bevor Sie anfangen, einen Roman zu schreiben.

Listen machen

Unser Gehirn liebt Listen. So verleihen wir der Welt Sinn, weil wir Informationen räumlich verarbeiten.

Ich habe Listen für alles. Wenn jemand die App auf meinem Telefon oder mein Listenbuch zu sehen bekäme, würde er mich sehr intim kennenlernen. Obwohl ich Listen am liebsten von Hand schreibe (und einen wunderschönen, schon fast krankhaften Papiervorrat habe, der das ganz klar beweist), bin ich seit Kurzem auch ein Fan von digitalen Listen. Aufgaben in leicht verdauliche Bissen zu unterteilen, gibt mir das Gefühl, wesentlich produktiver zu sein, und hält mich aktiv und bei der Stange, ohne mich ablenken zu lassen.

Im Japanischen gibt es sogar ein Wort, um das Hochgefühl zu beschreiben, das man bekommt, wenn man eine Aufgabe erfüllt hat, sei es so etwas Banales wie Ihre Steuererklärung einzureichen oder über die Ziellinie zu laufen: *yatta*!

Terminplanung

Ich bin ganz groß im Vorausplanen, und jeden Sonntagabend fülle ich eine Pinnwand mit meinen Plänen für die kommende Woche – und zwar nicht nur Restaurantreservierungen oder Geschäftstermine. Ich finde es auch wirklich hilfreich, Erinnerungen für mich einzubauen, meine Stimmung zu überprüfen, persönliche Beziehungen oder Konflikte neu zu bewerten, oder einfach alltägliche Ereignisse, die vielleicht einen sentimentalen Wert haben, festzuhalten.

Eine Minute am Tag

Vor ein paar Jahren nahm sich meine Cousine einmal vor, fitter zu werden. Nachdem wir eine Weile darüber geplaudert hatten, stellte ich erstaunt fest, dass ihr ganzer Erfolg in einem einzigen Liegestütz am Tag bestand. Aber für sie waren kleine, schrittweise Veränderungen, statt mit Vollgas loszulegen, entscheidend, um es schließlich zum Teil einer Gewohnheit zu machen: jeden Tag einen Liegestütz mehr zu machen als am Tag zuvor, war der Schlüssel, um es in ihr Leben zu integrieren.

Was ich gelernt habe

Mein Großvater ist im Dezember 2011 plötzlich und unerwartet verstorben. Als Studentin an der Universität war ich damals in der Lage, meine lange Winterpause zu nutzen, um nach Japan zu fliegen, um mich um meine Großmutter zu kümmern und sie zu unterstützen, so gut ich konnte.

In vielen japanischen Haushalten findet ein Großputz (*osouji*) statt, um das neue Jahr zu begrüßen und neu anzufangen. Im Angesicht unseres kürzlichen Verlusts hielten meine Großmutter und ich an unserer üblichen Routine fest. Als wir den Schreibtisch meines Großvaters aufräumten, stießen wir auf eine weiße Schachtel, auf der mein Name stand, und die verziert war mit den Zeichen von Kasuga-Taisha – einem großen Shinto-Schrein in der Stadt Nara.

Kasuga Taisha ist bekannt für den Weg, der zu ihm führt. Gesäumt von Steinlaternen geht man durch einen Park voller Rehe – von denen man glaubt, dass sie heilige Boten seien. Es passte also, dass sich in dieser Schachtel ein filigran geschnitztes und bemaltes Reh befand, das eine winzige Papierrolle im Maul hatte: die letzte Botschaft meines Großvaters an mich, seine erste Enkeltochter.

Die Rolle enthielt ein *omikuji*, eine auf ein Stück Papier geschriebene Weissagung, die in einem Tempel zufällig ausgewählt wurde. Wenn eine Prophezeiung schlecht ist, wird das unerwünschte *omikuji* auf dem Gelände um den Tempel zurückgelassen, normalerweise an eine Kiefer gebunden oder an Metalldrähte, die zu diesem Zweck aufgestellt wurden. Doch das letzte Geschenk meines Großvaters an mich war *dai-kichi* – das große Glück, auf das die meisten hoffen.

Ich bin nicht besonders abergläubisch, aber diese Worte auf dieser kleinen Papierrolle spenden mir mehr Trost, als ich zugeben möchte. Ich glaube gern daran, dass es sich zum größten Teil bewahrheiten wird, auf die eine oder andere Art, aber einige der Lehren lassen sich, denke ich, im weiteren Sinn anwenden.

Mein Dai-kichi

Verlorene Gegenstände werden bald gefunden, suchen Sie sie zwischen anderen Dingen.

Wir sind oft so darauf fixiert, ein bestimmtes Ziel zu erreichen, dass wir vergessen, die Dinge, die uns bereits umgeben, die wir bereits greifen können und die uns Glück bringen, zu genießen und dafür dankbar zu sein. Denken Sie daran, dankbar zu sein, genießen Sie die kleinen Momente in der Gegenwart, um sich zu erden.

Die Reise: Die Aussichten sind gut, aber achten Sie auf Ihre Weggefährten.

Sehen Sie sich um und schätzen Sie, was Sie umgibt: Ihr Zuhause, Ihr Umfeld und Ihre Arbeit. Wie können Sie sich verbessern, indem Sie Ihre Umgebung verbessern? Das erinnert mich an ein anderes Sprichwort: »Ein Lehrling an einem Tempel wird die Schriften unwissend vortragen.« Wir werden von unserem Umfeld geformt, so wie wir es selbst formen.

Verlassen Sie sich auf den Rat anderer.

Hören Sie sich Geschichten an, suchen Sie neue Perspektiven und schärfen Sie Ihre Wahrnehmung.

Der Bambus,
der sich biegt,
ist stärker als
die Eiche, die
standhält.

Japanisches Sprichwort

Alle Philosophien, Konzepte und Aktivitäten in diesem Buch können Ihnen helfen, Zufriedenheit und Glück zu finden. Ihr *ikigai* wird Ihr Hauptantrieb sein – Ihr Sinn, Ihr Grund und Ihr »Warum«. Auf dem Weg werden Sie scheitern, Verlust und Schmerz empfinden. Aber das wird Ihnen Klarheit verschaffen und Ihr Leben am Ende noch schöner machen. Die Scherben, geflickt mit Gold, werden es sein, die die Dinge umso schöner machen. Indem Sie das Unvollkommene begrüßen und das scheinbar Banale feiern, werden Sie Kostbarkeit und Wertschätzung finden in dem, was bereits vor Ihnen liegt.

Ihre Geisteshaltung ändern Sie nicht über Nacht. Wir erleben selten solche Erleuchtungen und können unser Wesen nicht so schnell verändern. Aber es kann durch das kommen, was wir tun, und wie wir es tun. Indem wir wissen, was wir erreichen wollen, können wir anfangen, danach zu streben. Das erreicht man durch Achtsamkeit – in der Gegenwart zu leben, auf uns zu hören und sich Zeit für Selbstfürsorge zu nehmen, sei es durch einen Spaziergang im Wald, das Arrangieren von Blumen, ein schönes Bad oder die Organisation unseres Heims. Es kommt auch durch unsere Beziehungen zu anderen und der Außenwelt – durch das gemeinsame Essen, eine gemeinsame Tasse Tee oder indem wir anderen einen Brief schreiben, um sie wissen zu lassen, dass wir an sie denken.

Versuchen Sie nicht gleich alles auf einmal umzusetzen. Es ist zu viel, und bei Weitem zu überwältigend. Seien Sie stattdessen achtsam und finden Sie kleine und subtile Wege, um diese Konzepte mit Ihrem Alltag verschmelzen zu lassen.

Machen Sie kleine, sich wiederholende Schritte. Nehmen Sie sich Zeit, um sich und andere zu überprüfen und zu reflektieren, ohne zu selbstkritisch zu sein.

Finden Sie eine Balance, machen Sie Pausen, genießen Sie die Ruhe. Fangen Sie an. Und freuen Sie sich auf die Kratzer, Narben und Schrammen, die Sie sich bei den Versuchen zuziehen.

Fallen Sie sieben Mal hin und stehen Sie acht Mal auf. Und gehen Sie weiter.

Das will ich Ihnen mit meinem Buch vermitteln.

Über die Autorin

Erin Niimi Longhurst ist eine halb-japanische, halb-britische Schriftstellerin und Bloggerin. Als Social Media und Digital Consultant hilft sie Wohltätigkeits- und Non-Profit-Organisationen und Stiftungen. Ihr Blog, Island Bell, dreht sich vor allem um Essen, Reisen und Lifestyle. Sie hat einen Abschluss der University of Manchester in Sozialanthropologie.

Dank

So viele Menschen haben das hier möglich gemacht, und ich kann Ihnen gar nicht genug danken.

Meine wunderbare Familie, die sich mit wiederholten Anrufen herumschlagen musste. Meine Mutter Eriko, meine Tanten Taeko und Junko, meine Großmutter Motoko und meine kleine Schwester Amy. Ich würde auch gern die Gelegenheit ergreifen, um mich in aller Öffentlichkeit dafür zu bedanken, dass du mich in die japanische Schule statt zu den Pfadfinderinnen geschickt hast, wie ich es wollte, Mama. Es hat sich natürlich als absolut richtig erwiesen.

Dad und Katie, Rosie und Clement, danke.

Meine wundervollen, hilfsbereiten Freunde und Kollegen – ihr seid alle unglaublich. Was bin ich doch für ein Glückspilz!

Schließlich danke ich allen bei HarperCollins, die das möglich gemacht haben.

Glossar

Adzuki Rote Bohnen
Agedashi-Tofu Frittierter Sojabohnenquark
Ai Alles umfassende Liebe
Ame futte ji katamaru Nach dem Regen wird die Erde härter
Anime Von Hand oder am Computer gezeichnete Animation
Anko Rote Bohnenpaste
Anzuru yori umu ga yasashii Ein Baby auf die Welt zu bringen ist einfacher, als sich um es zu sorgen
Bentobox Japanische Lunchbox
Bubu arare Reis-Cracker
Bunbo shiho Die Schätze des Gelehrtenzimmers, oder Hauptwerkzeuge der Kalligraphie
Bunchin Briefbeschwerer
Butsudan Schrein für einen verstorbenen Verwandten
Chabana Blumenarrangement, das bei Teezeremonien ausgestellt wird
Chabudai Niedriger Tisch
Chadogu Ausrüstung, die für die Teezeremonie benötigt wird
Cha-ire Teebehälter
Cha-iro Braun oder »die Farbe von Tee«
Chaji Förmliche Version der Teezeremonie in voller Länge
Chakai Eher informelle Teezeremonie
Chakin Weißes Tuch
Chamei Teename; fortgeschrittenen Praktizierenden der Teezeremonie vorbehalten
Chashaku Teespatel
Chasen Bambusbesen
Chashitsu Teeraum
Chawan Teetasse oder -schale
Chirashi Streu-Sushi
Daibutsu Großer Buddha
Daifuku Reisgebäck
Dai-kichi Das große Glück
Dashi Fond
Do (in der Kalligraphie) Der vertikale Strich
Dorayaki Gefüllter Castella-Kuchen
Eiji happo Die acht wesentlichen Striche in der Kalligraphie
Enso Zen-Kreis
Fude Kalligraphie-Pinsel
Fudepen Kalligraphie-Pinselstift
Fureai kippu Ein »Fürsorge-Ticket«, das als eine Form sozialer Währung verdient und eingetauscht werden kann
Fureai Wechselseitige Verbindung oder Band innerhalb der Gesellschaft zwischen Generationen oder unterschiedlichen Berufszweigen
Furo Bad
Fusuma Schiebetür
Futon Zusammenfaltbare Matratze
Ganbare Motivierender Gesang oder Spruch, der bedeutet »Gib dein Bestes« oder »Gib nicht auf«
Genen shoyu Sojasoße mit wenig Salz
Genkan Eingangsbereich
Genmaicha Gerösteter Reistee
Geta Holzsandalen mit hohen Sohlen
Getabako Schuhbox
Giri-choco Schokolade, die aus gesellschaftlicher Verpflichtung verschenkt wird
Gyosho Halbkursiver Kalligraphie-Stil
Haiku Gedichtform

Hana yori dango Lieber Klöße als Blumen
Hanakotoba Die Sprache der Blumen
Hara hachi bu Iss, bis du 80 Prozent satt bist
Hato Herzform
Hibi kintsugi Methode, um Risse zu flicken
Hikawa Maru Großer Shinto-Schrein in Saitama; außerdem der Name eines Ozeankreuzers zwischen Japan und den Vereinigten Staaten
Hojicha Gerösteter Grüntee
Ikebana Die Kunst des Blumenarrangierens
Ikigai Lebenssinn oder Raison d'être
Ima Wohnbereich
Indei Siegel oder Stempel
Irusu So tun, als wäre man nicht zu Hause
Itadakimasu »Ich nehme demütig entgegen«, Ausspruch vor dem Essen, wie »Guten Appetit!«
Iwanu ga hana Nichts sagen ist eine Blume
Jaku Ruhe
Jiji Kurzform/Kosename für Großvater (oji-san)
Jiyuka ikebana-Freistil
Jushi Zusätzliche Blumen und Pflanzen, aus denen ein ikebana-Arrangement besteht
Kachou fuugetsu Die Zeichen für Blume, Vogel, Wind und Mond, zusammen bedeuten sie jedoch Lernen über sich selbst durch die Erfahrung der Schönheit der Natur
Kadomatsu Traditionelle Neujahrsdekorationen
Kaiseki Formelles Essen mit mehreren Gängen
Kaishi-Papier Bei Teezeremonien verwendetes Papier
Kaisho Standardisierter Kalligraphie-Stil, Regelschrift
Kaizen Stetige Verbesserung
Kake no kintsugi rei Ein Teil mit Gold ersetzen
Kakebuton Decke
Kakijun Die Reihenfolge der Striche beim Schreiben japanischer Schriftzeichen
Kanji Japanisches Schriftzeichen chinesischen Ursprungs
Karaage Frittiertes Hühnchen
Karada Der Körper
Karaoke Freizeitbeschäftigung, bei der man zu vorher aufgezeichneter Musik singt – eine Wortzusammenziehung, die auf Japanisch »leeres Orchester« bedeutet
Karoshi Tod durch Überarbeitung
Katsuobushi Bonito-Flocken
Kawaakari Mondlicht, das sich in einem Fluss spiegelt
Kei Respekt
Kenzan Blumenigel oder Metallscheibe mit Nadeln, auf die Blumen gesteckt werden können
Kiku Chrysantheme
Kimono Traditionelles japanisches Gewand
Kintsugi Mit Gold verbinden oder reparieren
Kogarashi Wind, der die Blätter von den Bäumen zupft
Koi Romantische Liebe
Koicha Dicker Tee
Koikuchi Dunkle Sojasoße
Kokoro Herz und Geist
Kokuhaku Liebeserklärung
Komorebi Durch das Laub der Bäume gefilterte Sonnenstrahlen
Konbini 24-Stunden-Laden
Kotatsu Niedriger Tisch mit Heizung
Koukan nikki Freundschafts-Tagebuch, das der Reihe nach zwischen Freunden ausgetauscht wird
Kozo Maulbeerbaum
Kuidaore Durch die Liebe zu gutem Essen pleitegehen
Kuishimbo Vielfraß oder Feinschmecker

Kukicha Stängeltee
Maki Rolle
Manjū Süßer Kloß mit roter Bohnenpaste gefüllt
Marudaizu shoyu Sojasoße aus ganzen Bohnen
Matcha Grüntee in Pulverform
Miniatur-Bonsai Japanische Kleinbäume
Mirin Zum Kochen verwendeter Reiswein
Miso Fermentierte Sojabohnenpaste
Mochi Klebriges Reisgebäck
Mono no aware Das bittersüße Wesen des Seins
Moribana Ikebana-Stil, der »angehäufte Blumen« bedeutet
Mugicha Gerstentee
Nageire Ikebana-Stil, der »hineingeworfen« bedeutet
Naseba naru Wenn du handelst, wird es passieren
Nasu dengaku Miso-Aubergine
Natsukashii Gefühl nostalgischer Freude
Natto Fermentierte Sojabohnen
Nigiri Von Hand gepresstes Sushi
Nippon Japan auf Japanisch
Nodate Teezeremonie, die im Freien durchgeführt wird
Nokorimono ni wa fuku ga aru Das Glück liegt in den Resten
Noren Japanische Stoff-Vorhänge, um Türen und Eingangsbereich abzutrennen
Nori Geröstete Meeresalgen
Obi Gürtel für einen Kimono
Obon-Festival Buddhistisches Festival zu Ehren der Geister der verstorbenen Ahnen
Ocha Tee
Ochazuke Reis mit Tee
Oishii Köstlich
Ojamashimasu Begrüßung, wenn man das Haus eines anderen betritt, die bedeutet: »Ich werde dir im Weg sein«
Omikuji Weissagung
Onigiri Reisbälle
Onsen Heiße Quelle
Osouji Großputz
Otemae Die Durchführung der Teezeremonie
Otsukaresama Ausspruch, um die harte Arbeit eines anderen wertzuschätzen
Radio taiso Radio-Freiübungen
Ramen Nudelsuppe
Rikka Formaler, aufrechter ikebana-Stil
Roku (in der Kalligraphie) Der horizontale Strich
Ryaku (in der Kalligraphie) Strich nach unten links
Sado (oder chado) Traditionelle Kunst der Teezeremonie
Sakoku Isolationistische Außenpolitik, die bedeutete, dass Japan 220 Jahre lang ein für fremden Einfluss »geschlossenes Land« war
Saku (in der Kalligraphie) Schlenker nach oben rechts
Sashimi Roher Fisch, nachdem er gesäubert und zum Verzehr vorbereitet wurde
Sei Reinheit
Seika (auch bekannt als shoka) Asymmetrischer ikebana-Stil
Seiza Knien im Fersensitz
Sencha Japanischer Tee
Sento Öffentliches Badehaus
Shibui Zurückhaltend oder bescheiden
Shikibuton Zusammenfaltbare Matratze
Shin Die längste Linie eines ikebana-Arrangements
Shinrin-yoku Waldbaden
Shinzou Das Herz im Sinne des Organs
Shiro shoyu Weiße Sojasoße
Shitajiki Schreibunterlage, die bei der Kalligraphie

untergelegt wird, um zu verhindernd, dass Tusche durchsickert
Shodo Der Weg der Kalligraphie
Shoganai Da kann man nichts machen
Shoji Raumteiler aus Papier und Holz
Shoyu Sojasoße
Shūji Schreibkunst
Shukanka Herausbilden einer Gewohnheit
Soe Die zweitlängste Linie eines ikebana-Arrangements
Soku (in der Kalligraphie) Der Punkt
Sosho Abstrakter Kalligraphie-Stil
Sudoku Auf Logik basierendes Zahlenrätsel
Sumi Tusche
Sumi-e Tuschmalerei
Sushi Japanisches Gericht mit Fisch und Reis
Sushi no ko Essig-Gewürz für Sushi-Reis in Pulverform
Suzuri Reibstein
Tabemono Essen
Tai (auch bekannt als Hikae) Die kürzeste Linie eines ikebana-Arrangements
Taiyaki Süßer Kuchen in Fisch-Form
Taku (in der Kalligraphie) Schlenker nach unten links
Taku (in der Kalligraphie) Schlenker nach unten rechts
Tamari Weizenfreie Sojasoße
Tatami Gewebte Bambusmatten
Te-arai Händewaschen
Teki (in der Kalligraphie) Schlenker nach oben von einem horizontalen oder vertikalen Strich (roku oder do)
Temaki Handgeformte Rolle
Temizu Handwasch-Ritual in einem Tempel
Tofu Sojabohnenquark
Tokonoma Wandnische
Toro Traditionelle japanische Laterne
Tsukemono Gegrilltes Gemüse
Tsundoku Bücher anhäufen, die nie gelesen werden
Tsuyu Soße
Ugai Gurgeln
Umeboshi Salzpflaumen
Uramaki Umgekehrte Rollen
Usucha Dünner Tee
Usukuchi Leichte Sojasoße
Utsuwa Vase
Uwabaki Schuhe für drinnen
Wa Harmonie
Wabi-sabi Die Schönheit der Veränderung, Akzeptanz der Vergänglichkeit und des Unvollkommenen
Wagashi Traditionelles japanisches Konfekt
Wasabi Paste, die üblicherweise aus Meerrettich hergestellt und traditionell zu Sushi serviert wird
Washi Maulbeerbaum-Papier
Washitsu Zimmer im japanischen Stil
Yaeba Ein krummes Lächeln
Yaki onigiri Gegrillte Reisbälle
Yakuza Kriminelle Bandenmitglieder
Yatta Wort, das das Hochgefühl beschreibt, wenn man eine Aufgabe erledigt hat
Yobi tsugi Mit kintsugi in einem Patchwork-Stil flicken
Yokan Gelee aus roten Bohnen
Yukata Ein bequemer Baumwoll-Kimono
Zabuton Bodenkissen

Endnoten

1 https://www.japantime.co.jp/news/2017/05/17national/science-health/continuing-streak-japan-leads-world-life-expanctancy-report-says/#.Wez7TBNSzeQ

2 https://www.ncbi.nlm.nih.gov/pubmed/19568835

3 http://www.npr.org/sections/health-shots/2017/07/17/536676954/forest-bathing-a-retreat-to-nature-can-boost-immunity-and-mood

4 https://www.wsj.com/articles/SB10001424052748704631504575531932754922518

5 http://time.com/4267661/japanese-food-healthy-diet-longevity/

Bildnachweis

S.6 © Scott Webb on Unsplash: S.9 Author's own photo, foreground: S. 9, 231, 238-9 © Elina Li/Shutterstock.com: S.12 © Ben Sykes-Thompson, foreground; © Fancy Crave on Unsplash, background: S. 13, 14, 19, 60, 63, 64 middle and bottom, 67, 75 foreground, 78, 81, 86-7, 98, 102, 110-11, 123, 132, 137, 138, 142, 145, 152, 162-3, 176, 186, 189, 190, 196, 196, 202-3, 228, 232-3, 234, 273, 279, 283 © Nassima Rothacker: S.16 © Samuel Zeller on Unsplash, background; © Galen Clout on Unsplash, foreground: S.23 © Andre Benz on Unsplash: S.24 © photoBeard/Shutterstock.com: S.28 © Siim Lukka on Unsplash: S.31 © Sergei Akulich on Unsplash S.32 © Kawin Harasai on Unsplash: S.35 © Ben Sykes-Thompson: S. 37,131 © Corinne Kutz on Unsplash: S.38 © Chuttersnap on Unsplash: S.41 © Jeremy Wong on Unsplash, top; © Jez Timms on Unsplash, bottom: S.42 © Oskar Krawczyk on Unsplash, top; © RKTKN on Unsplash, middle; © Timothy Ries on Unsplash, bottom: S. 44, 147 © Charles Deluvio on Unsplash: S.47 © Oskar Krawczyk on Unsplash: S.49 © Freddie Marriage on Unsplash: S.51 © Daniel Mingook Kim on Unsplash: S.53 © Allef Vinicius on Unsplash: S. 55, 108, 253 © Sarah Dorweiler on Unsplash: S.56 © Simon Launay on Unsplash: S.64 © Ondrej Prosicky/Shutterstock.com, top; S.68 © Matthew Smith on Unsplash: S.73 © Redd Angelo on Unsplash: S.75 © superidol on Unsplash, background: S.85 © Karly Santiago on Unsplash, top; © Raoul Ortega on Unsplash, middle; © Alex Jones on Unsplash, bottom S.89 © Suhyeon Choi on Unsplash S.93 © Peter Nguyen on Unsplash: S.94 © Gaelle Marcel on Unsplash: S.101 © Sam Windsor on Unsplash: S.105 © Hisu Lee on Unsplash: S.106 © Sven Scheuermeier on Unsplash: S.113 © JJ Ying on Unsplash, top; © Redd Angelo on Unsplash, bottom right; © Lucy Sykes-Thompson, bottom left S.115 © Ju On on Unsplash: S.118 © Berlian Khatulistiwa on Unsplash: S.121 © Ahmed Saffu on Unsplash: S.125 © Iconogenic/Shutterstock.com: S.129 © Alex Loup on Unsplash, top; © Khoa Nguyen on Unsplash, middle; © Daria Shevtsova on Unsplash, bottom: S.130 © Olia Gozha on Unsplash: S.157 © Oskar Krawczyk on Unsplash, background; © UV70/Shutterstock.com, foreground: S.158 © Alexandre Chambon on Unsplash: S.161 © Anna Shepulova/Shutterstock.com: S.164 © Natalie magic/Shutterstock.com: S.168-9 © Jonathan Forage on Unsplash: S.170 © Unsplash: S.173 © Japanresor on Unsplash: S.175 © Alison Marras on Unsplash, left; © Rachata Teyparsit/Shutterstock.com, right: S. 193 © Annie Spratt on Unsplash: S.207 © Masahiro Makino/Getty Images: S.208 © Mayuree Moonhirun/Shutterstock.com: S.211 © Thai Lam on Unsplash: S.212 © onemu/Shutterstock.com: S.217 © Bady on Unsplash, background © yousang/Shutterstock.com, foreground: S.219 © miya/Shutterstock.com: S.221 © Samuel Zeller on Unsplash, background; © Jared Rice on Unsplash, foreground: S.223 © Julia Sudnitskaya/Shutterstock.com: S.224 © Ryan Wilson on Unsplash: S.237 © Sabrina Ellul on Unsplash, background; © Niketh Vellanki on Unsplash, foreground: S.239 © Tao Jinjin on Unsplash: S.246 © Ghost Presenter on Unsplash: S.249 © Radu Razvan/Shutterstock.com: S.250 © Marisa Buhr/Unsplash: S.253 © Sarah Dorweiler on Unsplash, top; © Roman Bozhko on Unsplash, middle; © Daniel Schoenen/Shutterstock.com, bottom: S.256-7 © Ume illus/Shutterstock.com: S.258 © Imagenavi/Getty Images: S.267 © Robin Huang on Unsplash: S.270 © Toni Hukkanen on Unsplash: S.276 © Helena Hertz on Unsplash.